Q&A ハラールを知る101問

ムスリムおもてなしガイド

福島康博 著

解放出版社

はじめに

　2018年1月、観光庁の発表によると、2017年に日本を訪れた外国人観光客は2,869万人で過去最高となりました。このうち2～3％がムスリム（イスラーム教徒）であると見られます。ムスリムは、イスラームの教義に基づいて日常生活をすごしており、これは日本への旅行中であっても同じです。断食の実践や適切な服装の選択は当人の判断によって行うことができますが、礼拝の実施、あるいはアルコールやブタ由来成分を含まない食事などは、イスラームなら実践しなければならないものです。そしてこれらは、ホスト側である日本の企業や公共施設からの供給に依存しなければなりません。

　そこで本書では、外国人ムスリム観光客が日本でイスラームの教義を実践しながら観光を行えるように、日本の飲食店や宿泊施設、公共施設などが商品やサービスを提供する際の「ムスリム客への対応」の実践方法をやさしく解説します。

　具体的な内容としては、イスラームやムスリムに関する基礎知識を解説する「第1部　イスラームとムスリムの現状」と、外国人ムスリム観光客への対応を解説した「第2部　外国人ムスリム観光客へのおもてなし」という2部構成となっています。まず第1部では、イスラームがどのような宗教で、その信徒であるムスリムとはどのような人びとであるかに焦点を当てます（第1～3章）。また、イスラーム金融やハラール食品などイスラームに基づく商品・サービスを提供している各産業についても、その概要や市場の動向を解説します（第4章）。

　続く第2部では、はじめに「ムスリム対応のあり方」（第5、6章）を概観します。そしてこれらをふまえ、業種ごとのムスリム対応を解説します。具体的には、「飲食店でのムスリム向けの食材選びと調理方法」（第7章）、「飲

食店でのムスリムへの接客方法」(第8章)、「ホテルなど宿泊施設でのムスリム対応」(第9章)、「土産物屋や小売店、公共交通機関、商業施設などでのムスリム対応」(第10章)を解説します。

本書は「疑問と答え」「課題と解決方法」を明確に記したQ&A形式になっているので、ビギナーでも理解しやすいのが大きな特長です。また、第1章から順に読み進めても、関心がある順に読んでも理解できるよう構成されています。

主な読者としては、外国人ムスリム観光客のインバウンド需要を期待している企業や店舗、観光業者、観光協会、行政関係者など想定していますが、イスラームを学びたい読者のための入門書としても利用できます。

ハラール・ビジネスやイスラーム文化に関心をお持ちの方にご一読いただければ幸いです。

(注) なお本書では、主に外国人ムスリム観光客に対するイスラームに準拠する対応のことを「ムスリム対応」と称していますが、ムスリム対応が必要なのは外国人ムスリム観光客だけではありません。出稼ぎで日本にいるムスリム労働者、大学・大学院や日本語学校などに在籍しているムスリム留学生、および日本人ムスリムにも、同様のムスリム対応が必要な場合もあります。現場での必要性に応じて読み替えてください。

Q&A ハラールを知る101問
目次

はじめに……………………………………………………………………… iii

第1部

イスラームとムスリムの現状

第1章　旅するムスリム……………………………………… 3

- **Q1** なぜいま外国人ムスリム観光客に注目が集まっていますか？……… 4
- **Q2** ムスリム観光客の市場規模はどのくらいですか？………………… 6
- **Q3** なぜムスリムは旅をするのですか？………………………………… 8
- **Q4** 外国人ムスリム観光客の特徴は何ですか？
  中東と東南アジアでは違いますか？………………………………… 10
- **Q5** ムスリムにとって旅行しやすい国とはどんな国ですか？………… 12
- **Q6** 外国人ムスリム観光客にとって日本はどのように映っていますか？…… 15
- **Q7** 毎年どのくらいの外国人ムスリム観光客が日本を訪れていますか？…… 18
- **Q8** ムスリム対応とは何ですか？………………………………………… 22

第2章　イスラームの教義とムスリムの日常生活………… 25

- **Q9** イスラームとはどのような宗教ですか？…………………………… 26
- **Q10** アッラーとはどのような神ですか？………………………………… 28
- **Q11** イスラームの開祖である預言者ムハンマドとは
  どのような人物ですか？……………………………………………… 30

- **Q12** イスラームの聖典とはどのようなものですか？ …………………………… 32
- **Q13** イスラームの教義とはどのようなものですか？ …………………………… 34
- **Q14** 「ハラール」や「ハラム」とは何ですか？ ………………………………… 36
- **Q15** ムスリムはどのような時間認識で暮らしていますか？ ………………… 38
- **Q16** 個人によるボランティア活動や企業の
  社会貢献活動はさかんですか？ …………………………………………… 40
- **Q17** 日本にはどのくらいのムスリムが暮らしていますか？ ………………… 42
- **Q18** なぜムスリムは教義に従って生きることにこだわるのですか？ ……… 44

第3章　イスラームへの誤解を解く …………………… 47

- **Q19** イスラームは中東の宗教ですか？ ………………………………………… 48
- **Q20** イスラームは一枚岩ですか？　地域差はあるのですか？ ……………… 51
- **Q21** イスラームさえわかれば、
  外国人ムスリム観光客のことがわかりますか？ ………………………… 54
- **Q22** なぜお酒を飲むムスリムがいるのですか？ ……………………………… 56
- **Q23** イスラーム諸国に娯楽はあるのですか？ ………………………………… 58
- **Q24** 観光でムスリム対応を推進しているのは日本だけですか？ …………… 60
- **Q25** なぜムスリムだけに特別な配慮をしなければならないのですか？ …… 62
- **Q26** ムスリムはハラール認証があるものしか食べないのでしょうか？ …… 64
- **Q27** 自分の店舗でムスリム対応を行う場合、
  ハラール認証の取得は必須ですか？ ……………………………………… 66
- **Q28** ムスリム対応を行うと店の売上は増加しますか？ ……………………… 68

第4章　イスラームに基づく産業 …………………………… 71

- Q29　イスラームはビジネスとどのように結びついていますか？ ……………… 72
- Q30　ハラール産業の市場規模はどのくらい？ ……………………………… 74
- Q31　イスラーム金融産業の特徴は何ですか？ ……………………………… 76
- Q32　ハラール食品産業の特徴は何ですか？ ………………………………… 78
- Q33　ムスリム観光産業の特徴は何ですか？ ………………………………… 82
- Q34　メディア・娯楽産業の特徴は何ですか？ ……………………………… 84
- Q35　ファッション産業の特徴は何ですか？ ………………………………… 86
- Q36　医薬品・化粧品産業の特徴は何ですか？ ……………………………… 88
- Q37　イスラーム諸国におけるハラール産業の現状は？ …………………… 90
- Q38　非イスラーム諸国におけるハラール産業の現状は？ ………………… 92
- Q39　ムスリム対応を行う場合、
　　　日本ではどのように対応していくべきですか？ ………………………… 94

第2部
外国人ムスリム観光客へのおもてなし

第5章　ムスリム対応の先進的な取り組み …………………… 99

- Q40　日本政府は観光立国化に向けて
　　　どのような取り組みを行っていますか？ ………………………………… 100
- Q41　日本の観光立国化の中で、どこの国の外国人ムスリム観光客が
　　　ターゲットになっていますか？ …………………………………………… 103
- Q42　日本は東南アジアでどのような誘客活動を行っていますか？ ……… 105
- Q43　日本の観光地においてイスラームとビジネスは
　　　どのように結びつくのですか？ …………………………………………… 108

- Q44 官公庁や地方自治体はどのような取り組みを行っていますか？ ········· 110
- Q45 各地域の取り組みにはどのようなものがありますか？ ················ 112
- Q46 さまざまな業界団体では
  どのような取り組みが期待されていますか？ ··························· 114

第6章　ムスリム対応の実際 ················ 117

- Q47 ムスリム対応が必要なのはどのようなビジネスですか？ ··············· 118
- Q48 「ハラール」「○○フリー」「ムスリム・フレンドリー」といった
  言葉に違いはありますか？ ··· 120
- Q49 ハラール認証とは何ですか？ ······································ 122
- Q50 ハラール認証団体にはどのようなものがありますか？ ················ 125
- Q51 なぜハラール認証基準には多様性があるのですか？ ·················· 128
- Q52 日本の場合、認証取得は必須ですか？ ······························ 130
- Q53 ハラール認証はどの認証団体で取得しても同じですか？ ············· 132
- Q54 ハラール認証は簡単に取得できますか？ ···························· 134
- Q55 ラマダーン月に気をつけるべき点は何でしょうか？ ·················· 136
- Q56 取引先の外国人ムスリムを接待することになりました。
  何に気を配ればいいですか？ ······································· 138
- Q57 外国人ムスリム観光客の接客担当者になりました。
  何に気を配ればいいですか？ ······································· 140
- Q58 ムスリム対応店の場合、従業員として
  ムスリムを雇用するのは必須ですか？ ······························· 142
- Q59 外国人ムスリム観光客の動向やムスリム対応の情報は
  どこで入手できますか？ ··· 144

- **Q60** ムスリムから直接意見を聞きたいのですが
  どのようにすれば会えますか？ ･････････････････････････････ 146

- **Q61** ムスリム対応が整った後に
  どのように広報を行えばいいですか？ ･････････････････････ 148

第7章　飲食店の対応①　食材と調理 ････････････ **151**

- **Q62** 飲食店におけるムスリム対応とはどのようなものですか？ ･････ 152
- **Q63** ムスリムが飲食できないものは何ですか？ ･････････････････ 154
- **Q64** 「ブタの飲食は不可」ですが、ブタ肉を使った料理を
  食べなければいいのですか？ ･････････････････････････････ 158
- **Q65** ブタに関して飲食以外で禁止されていることはありますか？ ･････ 160
- **Q66** アルコールに関してどんなことが禁止されていますか？ ･････ 162
- **Q67** イスラームに基づく屠畜とはどのように行われるのですか？ ･････ 164
- **Q68** 食品添加物については何に気をつければいいですか？ ･････ 166
- **Q69** ハラール認証を取得した食材はどこで手に入りますか？ ･････ 168
- **Q70** 調理器具や食器について注意すべき点はありますか？ ･････ 170

第8章　飲食店の対応②　接客と業態別の対応 ････････ **173**

- **Q71** 外国人ムスリム観光客には
  どのような料理を提供すればいいのでしょうか？ ･････････ 174
- **Q72** 味付けに工夫は必要ですか？ ･････････････････････････････ 176
- **Q73** 店舗内で注意すべき点はありますか？ ･････････････････ 179
- **Q74** 店内表示・メニューはどのように行えばよいですか？
  各国語表示は必須ですか？ ･････････････････････････････ 182

- Q75 ムスリム対応の料理を日本人に提供してもかまいませんか？ ………… 184
- Q76 日本人客向けに別途アルコール飲料やブタ肉料理を
提供してもかまいませんか？ ……………………………………………… 186
- Q77 誤ってムスリムにブタ肉料理を出してしまいました。
どうすればよいですか？ …………………………………………………… 188
- Q78 レストラン・チェーンで注意すべき点はありますか？ ……………… 190
- Q79 仕出し弁当やケータリングで注意すべき点はありますか？ ………… 192
- Q80 フードコートで注意すべき点はありますか？ …………………………… 194

第9章　宿泊施設の対応 ……………………………………… 197

- Q81 宿泊施設におけるムスリム対応では何を行えばいいですか？ ………… 198
- Q82 客室の運営で注意すべき点は何ですか？ ……………………………… 200
- Q83 ホテルに入居しているテナントに対して注意すべき点は何ですか？ …202
- Q84 客室での礼拝の環境を整えるために準備すべきものは何ですか？ ……204
- Q85 テレビやアメニティグッズなど客室の備品には
どんな問題がありますか？ ………………………………………………… 207
- Q86 館内施設での礼拝に関してどのような用意が必要ですか？ ………… 210
- Q87 宿泊施設内でアルコール飲料を提供する場合、
何に留意すればいいですか？ ……………………………………………… 212
- Q88 会議室やプールなどの館内の施設・備品に関して
気をつけなければならないことは何ですか？ …………………………… 214
- Q89 外国人ムスリム観光客は風呂に入浴しますか？ ……………………… 216
- Q90 従業員はどのような接客を心がけるべきですか？ …………………… 218
- Q91 周辺施設との関係はどのようにすればいいでしょうか？ …………… 220

- **Q92** 海外で参考となる事例はありますか？……………………… 222

第10章　各種施設での対応 …………………………………… 225

- **Q93** 飲食店や宿泊施設以外にも
  ムスリム対応が必要な施設はどこですか？ ……………… 226
- **Q94** 各種の施設に礼拝設備の設置は必要ですか？ …………… 228
- **Q95** 女性ムスリムに対してはどう接するべきでしょうか？ … 230
- **Q96** 土産物として不適切な物品は何ですか？ ………………… 232
- **Q97** 小売店におけるムスリム対応を教えてください ………… 234
- **Q98** ムスリムは神社・仏閣や教会を訪れることができますか？ … 236
- **Q99** エンターテインメント産業・施設は、
  どのようなムスリム対応をすべきですか？ ……………… 238
- **Q100** 公共交通機関におけるムスリム対応は
  どのようになっていますか？ ……………………………… 240
- **Q101** 学校でのムスリム対応はどうあるべきですか？ ………… 242

主要参考文献・資料 ……………………………………………… 244
おわりに …………………………………………………………… 246

第1部

イスラームと
ムスリムの現状

第1章
旅するムスリム

なぜいま外国人ムスリム観光客に注目が集まっていますか？

観光立国を目指す日本にとって増加傾向にあるムスリム観光客は魅力的です。

日本では2010年代に入り、観光業界や政府・地方自治体、イスラーム団体などを中心に、外国人ムスリム観光客の誘致とその対応のあり方に関心が高まっています。

●高まるムスリム観光客への期待

現在日本の各地で、「日本流の『おもてなし』を外国人ムスリム観光客に」といったキャッチフレーズで、企業向けの講演会やセミナーが開催されています。地方自治体の中には、公式サイトなどで、事業者に対してはムスリム対応の方法を解説した冊子を、外国人ムスリム観光客に対してはムスリム対応を行っている飲食店や礼拝時間などを記したガイドブックを無料配布しているところもあります。

ムスリム対応のうち、食の関連であるハラール食品や飲食店に関しては、2013年2月に日本で初めての見本市が福岡で開催され、以来各地で同様のイベントが開催されています。他方、ハラール認証を行う団体は、日本国内だけで大小合わせて100団体以上あるともいわれており、現場では戸惑いや混乱も起きています。

こうした取り組みは日本国内だけにとどまりません。東南アジア諸国で開催される旅行博覧会などでは、日本ブースを出展して日本におけるムスリム対応を積極的にアピールするなど、外国人ムスリム観光客の誘致に尽力しています。このような日本の取り組みが功を奏し、海外のムスリム向け観光の格付を行う情報会社から日本は、高い評価を得られるようにまでなりました。

●少子高齢化と2020年オリ・パラが受け入れの原動力

　日本における外国人ムスリム観光客の受け入れ機運の高まりの背景には、日本側の要因と外国側の要因が存在します。日本側の要因としては、2000年代に入り少子高齢化が顕在化し、市場縮小に歯止めをかけるためには外国人観光客の誘致が欠かせなくなりました。

　外国人観光客のうち、およそ7割は中国、韓国、台湾、香港といった東アジアからの観光客ですが、尖閣諸島問題や竹島問題などの政治問題が発生すると、中国や韓国からの訪日者数に大きな影響が出てしまいます。そのような政治リスクを回避するため、現在では東南アジアからのムスリム観光客に注目が集まっています。さらに、2020年の東京オリンピック・パラリンピックの開催決定が、日本の観光立国化の動きにますます拍車をかけています。

●東南アジアの経済発展がムスリム観光客の増加を促す

　他方、外国側の要因ですが、ムスリム人口が多い東南アジアでは経済が発展したことにより、所得水準や可処分所得が上昇し、海外旅行に手が届く層の裾野が広がってきています。加えて、長期的な円安傾向が日本への観光旅行に大きな追い風となっています。

　こうした要因を好機ととらえ、日本では官民ともに外国人ムスリム観光客の誘致と対応に積極的に取り組んでいるところです。

ムスリム観光客の市場規模はどのくらいですか？

その市場規模はおよそ16兆円。
まだまだ拡大傾向にあります。

ムスリムによる観光市場の規模は拡大しており、また渡航先として日本を含めた東アジアへの人気が高まっています。

● 2020年には約26兆円にまで拡大

　アメリカの情報提供会社であるトムソン・ロイター社とディナール・スタンダード社は毎年、『グローバル・イスラーム経済の状況に関する報告書』を発行しています。最新版（2015/16年版）によると、2014年にムスリムが旅行で費やした消費額は約16兆円[1]にのぼっており、前年比で6.3%の増加。今後の予想としては、年の成長率が平均8.6%、2020年の消費額は約26兆円に達すると見積もられています。

　ムスリム旅行者の消費額は、日本人など非ムスリムを含めた全世界の旅行の消費額の11%に相当します。世界の総人口に占めるムスリム人口比はおよそ20〜25%といわれており、これに比べるとムスリムの旅行消費額は小規模に感じられます。

1　メッカ巡礼であるハッジとウムラでの消費は含まれません。

図表 1-1	国別旅行消費額（2014 年）(単位：兆円)	
順位	国籍	消費額
1 位	サウジアラビア	2.0
2 位	アラブ首長国連邦	1.4
3 位	クウェート	1.1
4 位	カタール	1.1
5 位	インドネシア	0.9
6 位	イラン	0.9

出典：Thomson Reuters and Dinar Standard (2015) "State of the Global Islamic Economy Report 2015/16"

図表 1-2	渡航地域別旅行消費額（2014 年）(単位：兆円)	
順位	国籍	消費額
1 位	GCC	5.9
2 位	GCC 以外の中東・北アフリカ	2.4
3 位	東アジア	2.2
4 位	西ヨーロッパ	1.8
5 位	中央アジア	1.1
6 位	東ヨーロッパ	0.9
7 位	サブサハラ・アフリカ	0.8
8 位	南アジア	0.5
9 位	北米	0.3
10 位	その他	0.1

　しかしこのムスリム消費者を一つの国民にみたてた場合、地域・国籍別の消費額としては中国（約18兆円）、アメリカ（約16兆円）につぐ第3位の規模となります。

●消費傾向と渡航先の人気度

　ムスリム観光客の消費動向を国籍別に見てみると（図表1-1）、アラビア半島の湾岸協力理事会（GCC）加盟国（サウジアラビア、アラブ首長国連邦、バーレーン、オマーン、カタール、クウェートの6カ国）の国民を中心に、海外旅行で高額の出費を行っていることがわかります。

　ムスリム観光客の消費額が多い地域としては、GCCが全体の3分の1に匹敵する約5.9兆円、次いでGCC以外の中東・北アフリカ諸国の約2.4兆円、そして日本を含めた東アジアが第3位で約2.2兆円となっています。他方、西ヨーロッパは約1.8兆円、北米は約0.3兆円にとどまっています。

　ムスリム観光客は、ムスリム人口の多い近隣のイスラーム諸国を好んでいる一方、日本を含めた東アジア諸国にも足を延ばしてきているのが現状です。

なぜムスリムは旅をするのですか？

メッカ巡礼が宗教的義務。近年では旅は健全な娯楽と見なされています。

ムスリムにとっての旅は 2 種類に区別できます。一つは宗教上意義づけられた聖地巡礼で、もう一つは旅の目的地や趣旨がイスラームに則ってはいない一般的な旅行です。

●ムスリムの義務であるメッカ巡礼

　特定の聖なる場所（聖地）を訪れること自体に宗教的な意義がある聖地巡礼のうち、イスラームにとって最重要なものは、ヒジュラ暦（イスラーム暦）12 月の 8 日から 10 日を中心に行われるメッカ巡礼（ハッジ）です。ハッジはムスリムの義務であり、近年では 200 万人規模[1]で実施されています。ハッジを行った者は、男性なら「ハッジ」、女性なら「ハッジャ」と呼ばれ、人びとから尊敬を受けます。

　同じメッカ巡礼でも、ハッジの時期以外に行うのは「ウムラ」と呼ばれています。ウムラは費用や時間に余裕があるかぎり行うことが推奨されています。中には、一生のうちに何度もウムラを行う裕福で信仰心の篤いムスリム

1　2011 年までは 300 万人以上の巡礼者が集まっていましたが、メッカの改修工事のため、サウジアラビア政府は 2012 年以降大幅な人数制限を行っています。

もいます。

　歴史的にも、メッカ巡礼によって、陸路の要衝であるバグダッド（イラク）、カイロ（エジプト）、ダマスカス（シリア）などの中東の都市、あるいは海路でアクセスするための起点となったバタヴィア（ジャカルタ；インドネシア）、カルカッタ（インド）、ベイルート（レバノン）などの港湾都市が発達しました。また、イブン＝ジュバイルやイブン＝バットゥータらによって書かれたメッカ巡礼に関する旅行記が広く読まれ、異郷への旅愁をかきたててきました。

　イスラームにおける聖地巡礼としてはもう一つ、聖者廟参詣（ズィヤーラ）が挙げられます。これは、聖者（ワリー）と呼ばれる人物のお墓を詣でて願掛けを行うというものです。ズィヤーラは中東や南アジア、中央アジアなどで広く行われていますが、バングラデシュの「バゲルハットの歴史的モスク都市」のように世界遺産に指定された著名な場所もあります。

●家族を大切にするムスリムにとって旅は重要なレジャー

　他方、ムスリムによる旅には、宗教的に動機づけられていない、いわゆる一般的な旅行があります。聖典クルアーンには「地上を旅せよ。そして、審理を拒否した者の最後が、どうであったかを見なさい」［クルアーン 6:11］と書かれており、旅に出て見分を広げることが肯定されています。

　経済発展によって所得が増えた現代のムスリムですが、イスラームの教えにのっとり、夜に飲み屋街をはしごしたり、パチンコや競馬で散財することはありません。

　家族との絆を大切にする彼ら／彼女らにとって、みんなで旅行に出かけることは、健全なレジャーとしてたいへん人気があります。また、これらの旅の経験はブログや Facebook で発信する人も多いので、私たちでも簡単に読むことができます。

外国人ムスリム観光客の特徴は何ですか？
中東と東南アジアでは違いますか？

外国人ムスリム観光客は旅行中であっても
イスラームを実践するのが特徴です。

ムスリムとは、アラビア語で「神に絶対帰依する人」という意味。神（アッラー）とその教えに従う人びとを指します。「教えに従う」とは、日常生活の中で教義を実践するという意味です。特定の期間だけ修行を実践する、あるいは初詣やお墓参りなど特定の儀礼だけ実施するだけでこと足りるのではなく、旅行中も信仰の実践から離れることはできません。

●旅行中もイスラームを実践するムスリム

　日本にやってくる外国人ムスリム観光客が、非ムスリム観光客と最も違うポイントは何でしょうか。それは本国で暮らしているのと同じように、訪日中でもイスラームを実践していることです。その代表的なものとしては、「日々の礼拝」「禁じられたもの以外の飲食」「断食」「ファッション」「異性との接触」などが挙げられます。
　もっとも、「日々の礼拝ならば通常は1日5回のところを3回でよい」「ラマダーン月の断食の義務が免除される」など、日ごろとは異なる環境に身を置いた場合の免除規定もあります。

図表1-3 東南アジアと中東からのムスリム観光客の相違点

分野	東南アジア	中東
食	・魚を食べ、辛口を好む ・ハラール認証にこだわる	・肉を好む ・ハラール認証にはこだわりがそれほど強くない
観光地	・雪を見たがる	・リゾート、バカンスへの志向がある ・緑豊かな自然を好む
滞日中の礼拝	・積極的に実践	・おおらか

出典：各資料をもとに筆者作成

　いずれにしても、これらはイスラームという宗教に基づいて行われるものであることから、信者でない者にとっては理解しがたく、ましてや一緒に実施する必要のない行為です。しかしムスリムにとっては、信仰の実践は自分自身のアイデンティティであり、死と生や、来世にまで関わる重要な行為なのです。

●個性あふれるムスリム

　ムスリムは、確かにイスラームの教義に基づいて暮らしていますが、しかしすべてのムスリムが判で押したように均質的で個性のない人たちと考えるのは間違いです。①イスラームの教義が法学派ごとに異なること、②その人が暮らしている社会におけるイスラーム以前から受け継がれている古い慣習、③近代西洋からの影響の強弱、そして何より④個々人の性格や経験、がその人となりを形成します。

　ですから、「ムスリムだから」「中東／東南アジアから来た人だから」といった固定観念に囚われてしまい、一人ひとりのニーズに合わせた接客が蔑ろになってしまうのは問題です。

　ただし、中東のムスリム観光客と東南アジアのムスリム観光客との間には、図表1-3で挙げた相違点があるのも事実です。

ムスリムにとって旅行しやすい国とはどんな国ですか？

①治安のよさ、②家族向け、③ムスリム対応の充実度、などが指標になっています。

「ムスリムにとって旅行しやすい国」としては、やはりムスリムにとって適切な環境が整っているイスラーム諸国が上位を占めています。しかし、非イスラーム諸国の中では、日本は6位と健闘しているのも事実。今後の日本のランクアップにとって、「ムスリム対応の食事を提供しているレストラン」の整備などが重要な課題です。

●ムスリム対応の数値化とレイティング

シンガポールのムスリム観光客向け格付情報提供会社のクレセント・レイティング社とクレジットカード会社のマスターカードは、世界130カ国を対象に、ムスリム観光客が旅行しやすい国の格付を行いました。そしてその結果を『グローバル・ムスリム・トラベル・インデックス2017』というレポートにまとめ、2017年3月に公表しました。

図表1-4は、レイティングの基準をまとめたものです。これによると、大きく四つの基準が掲げられています。すなわち、①現地へのアクセスの容易さ、②渡航先の人びととのコミュニケーションのとりやすさ、③治安や健全

図表1-4　ムスリム観光客に適した旅行先のレイティング基準

基準	内容
(1)	**アクセス** ・空路でのアクセス ・ビザ発給要件
(2)	**コミュニケーション** ・ムスリム観光客を惹きつけるもの ・コミュニケーションの図りやすさ
(3)	**環境** ・家族旅行に適した渡航先 ・一般の人びとおよびムスリム観光客にとっての安全性 ・ムスリム観光客数
(4)	**サービス** ・食事の選択肢とハラールの保証 ・礼拝所へのアクセス ・空港施設 ・宿泊施設

出典：Master Card and Crescent Rating (2017), "Global Muslim Travel Index 2017"

性などの社会的環境、④ムスリム対応の充実度、です。

　レイティングの結果が図表1-5です。順位づけはイスラーム諸国と非イスラーム諸国とに分かれていますが、これによると、平均して高いスコアを獲得しているのは湾岸諸国で、実際にムスリム観光客が多い地域と合致しています。

　他方東南アジアは、イスラーム諸国ではマレーシアとインドネシアが、非イスラーム諸国からはシンガポールとタイがランクインしています。

　特にシンガポールは、ムスリム人口が15％ではあるもののムスリム対応が行き届いており、イスラーム諸国を含めた全体ランキングでも9位に位置づけられます。

図表1-5 ムスリム観光客に適した旅行先ランキング

順位	イスラーム諸国		非イスラーム諸国	
	国名	スコア	国名	スコア
1位	マレーシア	82.5	シンガポール	67.3
2位	アラブ首長国連邦	76.9	タイ	61.8
3位	インドネシア	72.6	イギリス	60.0
4位	トルコ	72.4	南アフリカ	53.6
5位	サウジアラビア	71.4	香港	53.2
6位	カタール	70.5	日本	52.8
7位	モロッコ	68.1	台湾	52.4
8位	オマーン	67.9	フランス	52.1
9位	バハレーン	67.9	スペイン	48.8
10位	イラン	66.8	アメリカ	48.6

出典：Master Card and Crescent Rating (2017), "Global Muslim Travel Index 2017"

●意外と評価されている日本の取り組み

　日本に対する評価ですが、非イスラーム諸国内では6位（130カ国全体のランキングでは32位）で、年々ランキングを上げるなど健闘しているといえます。

　もっとも、香港（5位）や台湾（7位）とポイントが拮抗しており、東アジア諸国の間でムスリム観光客のための環境整備と誘客競争が起きています。

　日本に対する具体的な評価としては、治安などの安全性が高く、家族旅行の渡航先として適している点が評価されている一方で、モスクなど礼拝を行える場所が限られていることと、観光地や商業施設等での英語やアラビア語でのコミュニケーションが困難であることが、マイナス要因として挙げられています。

Q6 外国人ムスリム観光客にとって日本はどのように映っていますか？

A 「物価が高く旅行しにくい国」というイメージですが、近年は変化しています。

かつて外国人ムスリム観光客が抱いていた日本への観光のイメージは、ツアー料金が高く、イスラームの実践が困難である、というものでした。しかし近年では、ムスリム対応が進んでいることが広く報じられ、ムスリム対応のパッケージ・ツアーも登場してきており、徐々にイメージが改善されつつあります。

● 「高額なツアー」だからこそのサービスが必要

　中東や東南アジアの人びとは、旅行先としての日本にどのようなイメージを持っているのでしょうか。旅行会社のウェブサイトに掲載されているパッケージ・ツアーの概要を見ると、その傾向がわかります。
　「海や山などの豊かな自然」「さっぽろ雪まつりや黒部立山アルペンルートなどの雪や冬」「お祭りや神社仏閣、忍者、侍といった伝統文化」「寿司や懐石料理、茶道などの伝統的な和食料理」「東京や大阪などの大都市や工場見学といった最先端の科学技術」「東京ディズニーランド、ユニバーサル・スタジオ・ジャパン、秋葉原といったテーマパークやポップカルチャー」といった具合です。

図表 1-6 マレーシア発のパッケージ・ツアーの料金

目的地	日数	料金
日本	5泊7日	約 178,000 円
韓国	6泊8日	約 146,000 円
台湾	5泊6日	約 113,000 円
トルコ	7泊10日	約 141,000 円
ドバイ	5泊7日	約 172,000 円
西ヨーロッパ	7泊9日	約 271,000 円
アメリカ	8泊11日	約 422,000 円

注：大人シングル1名の代表例（2015年現在）
出典：マレーシアの旅行会社各社のウエブサイトをもとに筆者作成

　これらは非ムスリムも含めた一般的なツアーでも用いられていますが、ムスリム観光客専用のツアーとなると、神社仏閣の代わりに東京の代々木上原にあるモスク「東京ジャーミー」での集団礼拝がツアーに組み込まれる傾向にあります。

　図表1-6は、あるマレーシアの旅行会社で販売されている国別の標準的なパッケージ・ツアーの料金を示しています。ムスリム向けツアーは、かつては手間がかかる分だけ割増料金が設定されていましたが、近年では他のツアーとの格差はほぼ解消されています。ただし、目的の国によって価格差が存在します。

　日数の違いもありますが、日本へのツアーはおおむね韓国の1.2倍、台湾の1.5倍の料金設定がなされており、物価水準が高いイメージがあるドバイに匹敵しています。

　日本への旅行は、東南アジアの人びとにとってはアジアの中でも高価なツアーといえます。だからこそ、料金に見合った満足度の高いツアー内容やサービスが日本側に求められています。

2017年マレーシアのクアラルンプールで開催された
MATTAフェアーでの日本ブース

●変わる日本のイメージ

　かつて、日本国内ではイスラームがほとんど浸透していないことが、中東や東南アジアのムスリムに知られていました。したがって、モスクでの礼拝やハラール食品の入手、ラマダーン月の断食など、ムスリムとして日常生活を過ごすことが困難だと思われていました。しかし近年では、産官連携によるムスリム対応が積極的に行われていることと、その広報が奏功し、「日本でもムスリムのための環境整備が進んでいる」ことが、海外のムスリムに知られるようになってきました。

　たとえば、中東の主要メディアである『アル＝ジャジーラ』は、2015年12月17日の記事で「（当時のトランプ候補が）アメリカはムスリム移民と観光客へのドアを閉じようとする一方、日本は赤絨毯を敷いてムスリムを迎えようという、真逆のアプローチを行っている」と報じ、日本がこの分野に傾注していることへの認識と理解を示しました。

Q7 毎年どのくらいの外国人ムスリム観光客が日本を訪れていますか？

年々増加しており、2016年はおよそ80万人が訪日したと見られます。

イスラーム関連産業ににおける、日本国内の市場規模や動向を知るためには、外国人ムスリム観光客が毎年何名来日しているかを把握するのが有効です。日本を訪れるムスリム観光客は、国土交通省の外国人旅行客の誘致の施策が功を奏し、2003年の14.5万人から、2016年にはその5倍以上の約78万人にまで増加しました。

●増加傾向にある訪日外国人ムスリム観光客

　訪日する外国人が必ず記載する外国人出・入国記録（EDカード）には、宗教を記載する欄がないため、宗教別の訪日人数は正確にはわかりません。ただ、日本政府観光局が主要国からの観光客数を公表していることと、各国のムスリム人口比率が知られていることから、ある程度の推計は可能です。

　国土交通省が行っている訪日外国人旅行の促進活動「ビジット・ジャパン事業」が開始された2003年から2016年までの訪日外国人ムスリム観光客の国別の推計を見てみると（図表1-7）、訪日外国人ムスリム観光客は、2003年ではおよそ14.5万人でしたが、2016年には約78.1万人と約5.4倍に増加

図表1-7 主要国からの訪日外国人ムスリム観光客数 （推計値）

（単位：千人）

	2003年	2004年	2005年	2006年	2007年	2008年	2009年
マレーシア	40.1	44.5	48.0	52.6	61.9	64.9	55.0
インドネシア	56.9	48.7	52.0	52.8	56.5	58.7	56.0
中国	8.1	11.1	11.8	14.6	17.0	18.0	18.1
タイ	4.8	6.3	7.2	7.5	10.0	11.5	10.6
シンガポール	11.5	13.4	14.0	17.3	22.6	25.0	21.6
香港	3.4	3.9	3.9	4.6	5.6	7.2	5.8
トルコ	6.6	6.7	7.0	8.1	7.9	9.7	7.8
インド	6.9	7.7	8.6	9.1	9.9	9.8	8.6
フィリピン	7.0	7.9	7.1	4.9	4.6	4.2	3.6
合計	145.4	150.1	159.4	171.4	196.0	208.9	187.3

	2010年	2011年	2012年	2013年	2014年	2015年	2016年
マレーシア	70.3	50.1	79.9	108.4	153.2	187.5	242.1
インドネシア	71.0	54.5	89.4	120.5	139.8	180.7	238.8
中国	25.4	18.8	25.7	23.7	43.4	89.9	114.7
タイ	12.8	8.7	15.6	27.1	39.3	47.6	53.9
シンガポール	27.0	16.6	21.2	28.2	34.0	46.0	53.9
香港	6.6	4.7	6.3	9.7	12.0	19.8	23.9
トルコ	9.9	6.6	10.5	12.4	14.7	17.2	18.1
インド	9.8	8.7	10.1	11.0	12.8	15.1	17.9
フィリピン	3.9	3.2	4.3	5.5	9.4	13.7	17.7
合計	236.8	171.8	262.9	346.5	458.7	617.6	781.1

出典：日本政府観光局の資料をもとに筆者作成

しました。リーマンショックが起きた翌年の2009年と東日本大震災が発生した2011年を除いてほぼ右肩上がりの状況です。

　なお、訪日観光客全体に占めるムスリムの割合は、ほぼ2～3%の間で安定しており、外国人ムスリム観光客の増加傾向は観光客全体の傾向と軌を一にしているといえます。

　2016年に着目すると、平均すれば毎日2,140人ほどの外国人ムスリム観光

成田空港にあるハラール・レストランの案内

客が日本にやってきています。仮に滞在期間を10日間とすると、常に2.14万名の外国人ムスリム観光客が日本にいる計算になります。

●マレーシアとインドネシアからの観光客がトップ！

次に、図表1-7の国別の傾向をみてみると、マレーシアとインドネシアからのムスリム観光客がそれぞれ20数万人で突出しています。3位が中国で約11万人、以下、タイとシンガポールが5万人台、香港、トルコ、インド、フィリピンが1～2万人台と続きます。

なお、日本政府観光局の統計データでは明らかにされてはいませんが、図表以外にも中東・北アフリカ、中央アジア、欧米からの観光客の中にもムス

リムがいるため、実際には図表1-7の推計値よりも、若干多くのムスリムが訪日していると考えられます。

　ただ、この推計は非常に単純なものであり、国によっては宗教・民族ごとに所得水準や旅行先の好みに差などがあるため、実際の傾向との間にはギャップがあると思われます。したがってこの数字はあくまでも、大まかな動向をつかむためのものだということを理解しておきましょう。

●外国人ムスリム観光客の増加はビジネス・チャンス

　外国人観光客の増加は、日本国内の消費拡大に直結します。日本政府観光局の2017年の調査によれば、観光客1人あたりの支出額は中国人が約22.5万円、シンガポール人が約15.1万円、マレーシア人が約14.5万円、インドネシア人が約12.8万円などとなっています。その内訳ですが、宿泊費は3割弱、飲食費は2割ほどを占めています。これらの数字は、ムスリムと他宗教を交えた国別のデータですが、ムスリムも他宗教の人びとも、その動向には大差はないと考えられます。

　外国人ムスリム観光客の増加は、ホスト側である日本の企業や観光地から見れば、ビジネス・チャンスが拡大することを意味します。そして、積極的な誘客を行うためには、彼ら／彼女らのニーズに合わせたムスリム対応が必要となります。

　ムスリム対応にかかるコストと売上増加の費用対効果は、業種や行う内容によって異なります。あるいは店舗独自で行うか、商店街や観光地などでまとまって行うかによっても変化します。

　いずれにしても、外国人ムスリム観光客が増加するのは確実なので、どのようにビジネス・チャンスをつかむのかを検討することが重要です。

ムスリム対応とは何ですか？

 ムスリムがイスラームに違反しないよう環境を整えることです。

「ムスリム対応」は、外国人ムスリム観光客を受け入れる上で重要な環境整備です。それは、一言でいえば、「外国人ムスリム観光客が、日本滞在中にイスラームを実践できるようなインフラを整えること」といえるでしょう。

●ムスリム対応の定義

　積極的に海外旅行を行うようになったムスリムですが、彼ら／彼女らは旅行中であってもイスラームを実践します。信仰は個人の内面的な問題ですが、イスラームの実践には日常的な行動を伴うことも多くあります。このうち、ヴェールの着用や観光地の選択などはムスリム自身に委ねられている一方、礼拝のための設備などは、ホテルや空港などホスト側からの提供に依存しなければなりません。

　このような設備の利用は、日常を過ごすイスラーム諸国内では容易ですが、日本のような非イスラーム諸国では困難を伴います。

　したがって、日本の企業や自治体などが、有償・無償を問わずムスリムの利用客に対して、非ムスリムの客とは異なる対応を取る必要があります。ムスリ

ムの中には、東南アジアや南アジア、あるいは中東の出身者もいますし、日本人のムスリムもいます。またムスリムには、観光客だけではなく、留学生や出稼ぎ労働者、定住者もいます。彼ら／彼女らの行動は、すべてがイスラームで説明がつくわけではなく、個々人の嗜好や信仰心の篤さ、あるいは出身地域ごとの傾向もあります。

　このような多様性を踏まえつつ、主に外国人ムスリム観光客をゲストとして迎えるにあたっての対応として、日本滞在中にイスラームを実践できるよう、ホスト側である日本の企業や各種団体、官公庁などが環境整備や商品・サービスの提供を行わなければなりません。このことを本書では、「ムスリム対応」と呼びます。

●ムスリム対応の必要性

　受け入れ側によるムスリム対応は、広範囲にわたります。食事に関わる飲食店やフードコート、宿泊に関わるホテルや旅館をはじめ、土産物店、小売店、観光地、交通機関などがその代表例です。また個別の店舗以外にも、地域としての取り組みも考えられます。

　たとえば、街中のムスリム対応の飲食店やモスクを記した地図の作成、観光案内版の外国語表示などがそれにあたります。もともと観光産業は多様な分野にまたがる総合的なビジネスであり、観光客は旅先で多くの商品やサービスに触れ、さまざまな体験をしているわけです。

　ただ、日本に暮らすムスリムが少ないことや、ムスリム対応への着手が遅れたことなどによって、外国人ムスリム観光客が日本国内で不便を感じる場面も見られます。したがって、外国人ムスリム観光客に心地よく過ごしてもらうために、受け入れる側は「ムスリムだから」という理由だけで一律の対応を取るのではなく、一人ひとりの異なるニーズや要望に向き合い、可能なかぎり柔軟な対応ができるような心がけが肝心だといえるでしょう。

第 2 章

イスラームの教義とムスリムの日常生活

イスラームとはどのような宗教ですか？

ムハンマドを通じてアッラーから下された教義に従って日常生活を過ごす宗教です。

イスラームとは、メッカに生まれたムハンマドが布教した教えに基づく宗教のことです。1,400年以上たった現在、世界中に16～20億人ほどの信者を抱える、規模が大きく影響力の強い宗教の一つです。

● **名称と特徴**

イスラームとは、アラビア語で「神への絶対帰依」を意味し、「帰依する人」のことをムスリム（女性形名詞はムスリマ）といいます。かつては「イスラム教」「回教」「マホメット教」などと呼ばれていましたが、近年はアラビア語の発音に近い「イスラーム」という表記が一般化しています。

神の言葉を携えた預言者たるムハンマドが示したイスラームの教義は、神によって現世の世界が作られるとともに、やがてくる現実世界の崩壊である終末と、その後に現れる来世、すなわち天国と地獄の存在を説いています。また一方で、来世で天国へ行くための現世でのあるべき振る舞いを示しています。

ムスリムが守るべき規範である「シャリーア」は、冠婚葬祭や衣・食・住

などの日常生活の細部にまで及びますが、イスラームの場合、出家や修行・荒行といった信仰形態は、一般的には取りません。

ただ、細部の考え方は法学派によって異なります。ムスリム女性のファッションやハラール認証基準などにも、この法学派による違いが現れています。

●他宗教との共通点・相違点

イスラームには、ユダヤ教やキリスト教との間に共通点があります。同じ神を信仰していることや、来世や天国・地獄の存在、あるいは旧約聖書に登場する天使や悪魔の存在を認めているなどの点です。また、キリスト教のモーセやキリストを、ムハンマドと同様に神の預言者と見なす点や、本来ならばムスリムはムスリムとしか結婚できませんが、ユダヤ教徒とキリスト教徒との結婚は一部で認めるなど、ユダヤ教・キリスト教を別格として扱っています。

これは、イスラームがもともとはユダヤ教やキリスト教と同じ宗教であったと考えているからで、これら三つの宗教をまとめて「セム系一神教」、あるいは「アブラハムの宗教」と呼んでいます。またイスラームでは、これらの宗教の信徒のことを「経典の民（同じ神から託された書物を信じる人びと）」と呼ぶこともあります。

ただ、同じ神を信仰し、同じ人物の重要性を認めているものの、教義の細部は異なります。その典型例はアルコールの扱いです。イスラームでは飲酒を禁じていますが、キリスト教では聖餐式でワインが重要な役割を果たします。このような違いについてイスラームでは、「ユダヤ教やキリスト教は、モーセやキリストを通じて授けられた神の言葉を正しく実践していない。だからこそ、最後に遣わされたムハンマドの言葉に基いた信仰実践こそが正しい」と考えています。

アッラーとはどのような神ですか？

アッラーは、「唯一神」「人格神」など、多様な特徴を持つ神です。

イスラームにおける神は、唯一神であるアッラーです。アッラー（Allah）とはアラビア語「al-ilah」の短縮形で、分解すると定冠詞の「al-」と、「神」を意味する一般名詞「ilah」に分けられます。すなわちアッラーとは英語でいう「the god」と同じであり、固有名詞（名前）ではありません。イスラームの神は、Q9で述べたように、アブラハムの宗教であるユダヤ教やキリスト教における神と同一神です。

●唯一神のアッラーは超越的な存在

　アッラーは、イスラームが確立する7世紀以前のアラビア半島においては、メッカのカアバ神殿に祀られている複数の神（一説によると360柱）のうちの一柱でした。しかしムハンマドによる宣教活動によってイスラームの宗教的・社会的基盤が確立すると、ムハンマドはカアバ神殿の偶像を破壊しました。このことにより、イスラームではアッラーが唯一神となり、アッラー以外の人や物などを神として祀り、アッラーと同格視することが禁じられました（偶像崇拝や多神教の禁止）。

イスラームにおけるアッラーの特徴としては、次の4点が定められているとされています。1点目は絶対的で超越的な存在、2点目は天地創造と人類創造を行うとともに、これらの命運を司る存在、3点目は啓示を通じて預言者や信徒を導く存在、そして4点目は僕（しもべ）たる信徒が向かい合うべき主（あるじ）としての存在です。

アッラーは、終末において信徒一人ひとりを裁判にかけ、来世を天国と地獄のどちらで過ごすかを決定します。すなわち、アッラーは信徒の生前（現世）での言動すべてを記録しており、それに応じて賞罰を与えるなど因果応報に基づいた判断を下します。

しかし同時に、「誰を罰し救すかは（神の）御心次第」［クルアーン 48:11］、「生かすも殺すも（神の）お計らい」［クルアーン 44:6］など、アッラーが恣意的に振る舞うかのようにクルアーンでは描かれています。ここからわかるとおりアッラーは、人間の想像からは推し量ることのできない超越的な存在であり、だからこそ人間はこの神にすがるべきであることが強調されています。

●アッラーには99の特徴がある

クルアーンにはアッラーのさまざまな特徴が描かれていますが、これらはアッラーの御名（神の名の尊称）として象徴的に表現されています。

たとえば、「ラフマーン（慈愛あまねき者）」「サラーム（平安者）」「ハーディー（導き手）」「ハリーム（優しき者）」など、99の御名があるとされています。これらは99の美称（アスマー・フスナー）と呼ばれ、暗唱されたり節をつけて唱名されることがあります。

またこれらは人名に用いられることもあります。たとえば元プロボクシングのヘビー級チャンピオンであったモハメド・アリのアリとは、「高貴な者」という意味の神の御名に由来します。

イスラームの開祖である預言者ムハンマドとはどのような人物ですか？

 孤児から商売人となり、
やがて指導者となった人物です。

イスラームの創始者であるムハンマドは、商家の家系に生まれたものの、幼いときに両親を失い、若くしてキャラバンの商売人となりました。その後神からの啓示を受けて宣教活動を開始すると、宗教的・政治的指導者としてアラビア半島を平定しました。ムハンマドは、神の言葉を授けられた預言者であると同時に、最も理想的なムスリムと見なされています。

●宗教的、政治的指導者としてアラビア半島を平定

　ムハンマドは、570年にメッカで商売を営むクライシュ族のハーシム家に生まれました。父親はムハンマドが生まれる前に、そして母親も6歳ごろに亡くなったため、幼少時代は親戚に預けられて暮らしていたとされています。このときの体験が影響してか、イスラームでは孤児を蔑ろにすることを厳しく禁じています。

　キャラバンの商人となったムハンマドは、25歳のときに15歳年上の未亡人ハディージャが組織した隊商に参加。これをきっかけに結婚します。

　ムハンマドは、40歳になり洞窟で瞑想をしているときに神からの啓示を

受け、それをきっかけに布教活動を開始しました。当初はメッカの人びとの価値観とは合わなかったために迫害され、622年には初期の信徒70数名とともにメディーナへ移住しました。これをヒジュラといいます。メディーナで歓迎されたムハンマドは、宗教的指導者であり政治的指導者として、戦闘や交渉を通じてアラビア半島を平定し、同時にイスラームを普及していきました。

632年、メディーナからメッカへの巡礼中にムハンマドは亡くなりました。彼が生きた時代は、日本では古墳時代末期から飛鳥時代初めに相当し、聖徳太子（574-622年）とほぼ同世代の人物ということになります。

●普通の人間であったムハンマド

ムハンマドに関する多くのエピソードが、現代まで伝わっています。

ムハンマドが50歳のときに、初婚相手であるハディージャを亡くしました。その後彼は8名ないしは10数名の女性と結婚しましたが、もうけた子供のうち成人したのは女性4名のみで、跡取り息子はいませんでした。そのためムハンマドの死後は、親族が後継者としてムスリム共同体を指揮しました（正統カリフ時代）。

しかし、661年にウマイヤ朝が発足したことで、政治・宗教権力は預言者一族から政治的・軍事的実力者へと移行しました。なお、預言者一族の血脈は現在のヨルダン王室に引き継がれています。

ムハンマドの言動については、新約聖書に描かれているキリストのような、「病人を治療した」「湖の上を歩いた」といった奇蹟譚はほとんど伝わっていません。むしろ、普通の人びとと同じ人間としての姿が伝わっています。

たとえば、ムハンマドは大のネコ好きだったようで、自分の服の袖の上で寝てしまったネコを起こすのはしのびないと、立ち上がる際に袖を切り取った逸話などが残っています。

Q12 イスラームの聖典とはどのようなものですか？

A 神の言葉である「クルアーン」や預言者の言行録である「ハディース」などがあります。

イスラームの信徒であるムスリムが従うべきルールは「シャリーア」（イスラーム法）と呼ばれていますが、これは主に二つの聖典から編纂されています。一つは神からムハンマドに下された神の言葉である啓示をまとめた「クルアーン」であり、もう一つは最も理想的なムスリムであるムハンマドが示した規範（スンナ）をまとめた「ハディース」です。

●神の啓示をまとめた「クルアーン」

　クルアーンは、シャリーアの第一の法源（根拠）です。神からの啓示は、当初はムハンマドの周囲の者が暗記していましたが、没後に内容が散逸するのを防ぐために書物としてまとめられました。聖典は全114章（スーラ）で構成され、各章は複数の節（アーヤ）から成り立っています。章構成は、啓示の順番や内容のまとまりごとではなく、第1章を除き、ボリュームが長い順に並んでいます。

　クルアーンはアラビア語で書かれていますが、たいへん美しい文章であるため、神の御業が顕現（はっきりした形で現れること）したと考えられており、

このことを「クルアーンの奇蹟」と呼んでいます。そのためクルアーンは、世界の信者に対して各国語に翻訳されていますが、正しいクルアーンはアラビア語のもののみとされており、翻訳本はあくまでも注釈書だと見なされています。たとえ翻訳されたクルアーンであっても、神の言葉が書かれた書籍なので、ムスリムでない者も敬意をもって大切に扱うべきでしょう。

●ムハンマドの言行録「ハディース」

　クルアーンは、日本語に翻訳したものなら文庫本で3冊ほどの分量です。ただこれだけでは、信徒を律するルールとしては不十分であり、また内容に矛盾する箇所も見られます。もっとも、神の啓示に不明な点があったとしても、預言者であり最も理想的な信徒であるムハンマドに直接尋ねたり、彼の行動を真似ているのであれば問題はありませんでした。たとえば、クルアーンは「礼拝せよ」と定めているものの、礼拝の刻限や回数、方法は示されておらず、それを代わりに決めたのがムハンマドでした。

　しかし彼の死去により、神の啓示と信徒の正しいロール・モデルを新たに確立する道は断たれてしまいました。そこで後世に混乱が生じないよう、生前のムハンマドの規範となる言動（スンナ）が書物としてまとめられたわけです。これが「ハディース」です。ハディースは、シャリーア編纂の際にクルアーンに続く「第二の法源」とされています。

　クルアーンやハディース以外にも、歴代の著名なイスラーム法学者の書籍が重要視されます。また、ムハンマドの足跡を知る本としてイブン・イスハークの『ムハンマド伝』があります。クルアーンやハディースの一部、そして『ムハンマド伝』は日本語訳が刊行されていますが、内容が難解で、ムスリムの考え方や接し方を知る助けにはなりにくいといえます。したがって、啓典に当たるよりも、まずは解説書から入るのがイスラーム理解の早道となるでしょう。

Q13 イスラームの教義とはどのようなものですか？

「神と人間の関係」と「人間と人間の関係」から成り立っています。

イスラームの教義は「シャリーア」と呼ばれます。これは、Q12で触れた聖典「クルアーン」、預言者ムハンマドが示した規範である「スンナ」に加え、ムスリム共同体（ウンマ）による「イジュマー（合意）」、イスラーム法学者による解釈である「キヤース（類推）」の四つを根拠（法源）にして形成されます。シャリーアの内容は、神と人間との関係を定めた「イバーダート」と、人間同士の関係を規定する「ムアーマラート」とに大別されます。

●ムスリムが守るべきルールである「シャリーア」

シャリーアはイスラーム法とも呼ばれ、ムスリムが従ってしかるべきルールのことを指します。「法」という名称がついていますが、選挙で選ばれた議員から構成される立法府によって可決・成立、施行される近代法とは異なり、イスラーム法学者による解釈が基盤となっています。また、「第1条〜、第2条〜」といった具合に系統立てられていません。

もっとも、現代のイスラーム諸国の中には、シャリーアの趣旨に即した内容の法律を施行している事例もあります。後述しますが、一夫多妻婚を認め

る家族法や、刑罰として鞭打ちを科す刑法がこの典型例だといえます。また、ハラール認証基準もシャリーアに基づいて作られたルールです。

　神の啓示は、時代や場所を超越した絶対的なものであり、人間の都合によって改変することはできませんが、その解釈をめぐっては時代や地域、あるいはイスラーム法学者の考えによっても左右されることがあります。このような解釈の系譜は法学派と呼ばれます。

　著名な法学派としては、ムスリムの大多数によって受け入れられているスンニ派、イランやイラク、バハレーンの一部に支持者がいるシーア派などが存在します。

●シャリーアには二つの規範がある

　シャリーアを内容によって二つに分類してみましょう。一つ目は「イバーダート」と呼ばれるもので、これは神と人間の関係を定めたルールです。儀礼的規範とも呼ばれ、ムスリムがアッラーに対して絶対帰依することを象徴的に表す、人間が神に対して負う義務的な行為を指します。具体的には、①信仰告白、②礼拝、③制度的喜捨（ザカート）、④断食、⑤メッカ巡礼（ハッジ）、の五つを指します。

　シャリーアに定められているもう一つの規定が、ムスリム同士の権利・義務関係を定めた法的規範である「ムアーマラート」です。ムアーマラートに含まれる主なものとしては、①結婚・離婚や親子関係・相続などの家族法、②契約や売買などの商法、③犯罪と刑罰を規定する刑法、そして④裁判と訴訟に関する規定、などがあります。

　シャリーアのうち、イバーダートについては法学派間の差異はわずかであるのに対し、ムアーマラートは法学派や地域、あるいは時代による違いが相対的に大きいとされます。特にムハンマドの時代には存在しなかった事象については、解釈に差が生じています。

Q14 「ハラール」や「ハラム」とは何ですか？

「ハラール」はムスリムが許されていること。「ハラム」はムスリムが禁じられていることです。

シャリーアに基づいた信徒の行動の分類です。シャリーアでは、ムスリムの行動やそれを促す事物を五つに分類しており、ハラールとハラムはこの分類のうちの二つを指します。

●「してもよい」ことと「してはならない」の法規則

　シャリーアのうち、イバーダートとムアーマラートは規定の内容に基づいた分類です。これに対してムスリムが行うべきか否か、あるいは行うこと／行わないことに対して賞罰が与えられるか否かという観点からの分類も存在します。これは法規則（フクム）と呼ばれるもので、シャリーアの具体的細則です。

　法規則は、ムスリムの行動や、行動を導く事物を図表2-1のように五つに分類しています。このうちハラールとハラムは、「しても（しなくても）よい」と「してはならない」という対義語の関係にあります。

図表 2-1　法規則による五つの分類

分類		意味	例
日本語	アラビア語		
義務	ワージブ ファルド	・行わなければならない ・行うのはムスリムとして当然である	礼拝、断食など
推奨	マンドゥーブ	・義務ではあるが行わなかったとしても罰せられない ・行えば来世で報酬が与えられる	貧者への施しなど
合法 許容	ハラール ムバーフ	・行うこと／行わないことが罰の対象とはならない ・行うか否かは信徒の判断に委ねられている	ハラムである食材を使用していない料理の飲食
忌避	マクルーフ	・禁止されているが行っても罰せられない ・避ければ来世で報酬が与えられる	礼拝前のお清めの際の水の大量使用など
禁止	ハラム	・行ってはならない ・行わないのはムスリムとして当然である	窃盗、姦通、飲酒など

出典：各資料をもとに筆者作成

●生活のすべてが「ハラール」と「ハラム」で判断される

　ハラールやハラムというと、日本では食材などに関心が向けられています。しかしハラールやハラムを含めた法規則は、食に関する事柄だけではなくムスリムのさまざまな行動や事物に適応されます。冠婚葬祭から日常の衣食住や所作などの隅々にいたるまで、イスラームの価値観に基づいた評価がなされています。換言すれば、イスラームは日常生活の中でこそ実践されるものなのです。

　法規則で重要なのは、分類に応じて来世での報酬や罰則が与えられるところにあります。「来世での報酬」とは天国へ行くことを意味し、「来世での罰則」とは地獄に行くことを意味します。ムスリムの行動や生活には、イスラームの視点からの価値判断とそれに基づく評価が必ず伴っているのです。

第2章 ● イスラームの教義とムスリムの日常生活　37

Q15 ムスリムはどのような時間認識で暮らしていますか？

現世だけではなく、来世もイスラームが規定しています。

イスラームには独特の時間認識が存在します。一つは、現世の誕生と崩壊後に来世が登場するという長い歴史観を持っています。そしていま一つは、ヒジュラ暦と呼ばれる西暦とは異なる暦です。これらの時間認識は、ムスリムの世界観や各種行事、日常生活などと密接に結びついています。

●イスラームにも「現世」と「来世」がある

　イスラームでは、神による「在(あ)れ」という命令によって万物が創造されたと説いています。私たちが暮らす現実世界である現世もまた、神によって創造されました。

　ただこの現世も、やがて終末を迎え、その後に永遠の世界である来世がやってきます。来世において人びとは、生前の行いに応じて天国（楽園）ないしは地獄（火獄）に至るとされています。

　このような歴史・世界観は、仏教や神道などを下地とする日本人の一般的な価値観とは大きく異なります。イスラームでは、現世は現実世界での生を、来世は終末の後に現れる永遠の生を指すのに対して、日本では、人間は現世

での死の後に、来世でまた、別人格の人間として生まれ変わるという「輪廻転生」を指すことが多いようです。したがって、「現世」と「来世」は、同じ単語でも意味が異なるので、注意が必要でしょう。

来世では、現世の肉体のまま永遠の生を過ごすとされています。そのため、ムスリムが亡くなると肉体保持のため、火葬ではなく土葬にするのが一般的です。日本にもムスリムのために土葬可能な墓地が存在します。しかし、日本ではこの点の理解が及んでおらず、ムスリムを火葬してしまい後に遺族とトラブルになった事例もありました。

●「ヒジュラ暦」は1年354日の太陰暦

ヒジュラ暦は西暦（グレゴリオ暦）とは異なり、月の満ち欠けが基準になっています。1カ月は29日ないしは30日、そして12カ月で1年を構成していることから、1年は354日となり西暦（365日）よりも11日短くなります。また、江戸時代までの日本のように、この11日のズレを修正するための閏月（3年ごと）を挿入する（太陰太陽暦）こともありません。

現代のイスラーム諸国の多くは西暦を採用していますが、新年や断食を行うラマダーン月、メッカ巡礼であるハッジなどの行事は、ヒジュラ暦に則って実施されます。そのため西暦で暮らす私たちから見れば、各行事が毎年11日分前倒しで実施されているように見えます。

この影響を強く受けるのがラマダーン月の断食です。砂漠の中東や熱帯の東南アジアのような年間を通じて気象の変化が小さい地域とは異なり、日本のように四季がある地域では、夏のように気温が高く日の出から日没までの時間が長い時期や、冬のように気温が低く昼間の時間が短い時期にラマダーン月がくることもあり、年によって身体的負担に違いが出てしまいます。ムスリムと接する方は、ヒジュラ暦のスケジュールとそれに伴う慣習や行事を把握することに努めましょう。

Q16 個人によるボランティア活動や企業の社会貢献活動はさかんですか？

たいへんさかんです。イスラームの教えを実践する活動が好まれます。

「ザカート（制度的喜捨）」と「サダカ（自発的喜捨）」は、イスラームが持つ相互扶助の精神を体現する制度です。これに基づき個人のボランティア活動や企業の社会貢献活動が行われていますが、その内容はイスラームの教義などに則したものが一般的です。

●社会貢献には「ザカート」と「サダカ」の2種類がある

　ザカートとは、ムスリムが1年以上保有した資産に対し、農作物ならば10%、金銀・商品ならば2.5%、家禽ならば30～40頭につき1頭などといった具合に、定められた割合を寄付する制度です。提供した者は宗教的罪が軽減され、来世で報酬が得られます。拠出された金品は、貧者・困窮者、ザカート管理者、改宗者、奴隷解放、負債者、戦士などのために使用されることがクルアーンに規定［クルアーン 9:60］されています。

　他方、自主的に寄付を行う制度もあり、サダカと呼ばれています。ザカートはザカート管理団体へ収めるのに対し、サダカは手を差し伸べたい相手に直接与えることができます。また金品だけではなく、労働力やアイデアの提供、困っている人にかける慰めの言葉など、慈善・慈愛ある行為もサダカで

あるとされています。サダカは、ラマダーン月に実施することや、メッカやメディーナで行うことがよりよいとされています。

●個人のボランティア活動と企業の社会貢献活動

　東南アジアでは、コンビニの店頭や街中などで募金箱や呼びかけを目にします。地震や洪水など自然災害の被害者への救援目的が多いのですが、これに加えてパレスチナ難民やシリア難民、ロヒンギャー難民[1]など、同じムスリムの難民救済への関心も高く、頻繁に募金活動が行われています。日本における難民支援とは異なる特徴だといえるでしょう。

　アラビア半島の国々では近年、献血運動がさかんです。地中海貧血症（Thalassemia）と呼ばれる病気の患者が多く、治療には輸血が必要となるからです。多くのイスラーム銀行では、各支店が献血バスを招いて従業員や客が献血を行える環境作りをしています。

　イスラーム独自の社会貢献として挙げられるのが、ラマダーン月における孤児に対する慈善活動です。ラマダーン月は、日没後に家族・親族や友人など多くの人たちとともに食事をするのがよいとされています。また、前述のようにサダカはラマダーン月に行うのがよいため、企業は従業員や顧客のために大規模な食事会（イフタール）を開催することがあります。その際、近隣の児童養護施設から子供たちを招待する事例を多く見かけます。これは、Q12で触れたように、イスラームでは孤児を大切に扱うことがクルアーンに説かれているからです。食事会のほかにも、断食明けのお祭り期間であるイールドフィトリにおいて、孤児たちを遊園地に招待する企業もあります。

---

[1] ロヒンギャーとはミャンマーのムスリム少数民族で、国内では差別的扱いを受けており、難民として国外に脱出する者が増えています。各国のムスリムたちは、ロヒンギャー難民に対してはおおむね同情的ですが、各国政府はミャンマー政府との外交関係も無視できず、対応に苦慮しているのが現状です。

日本にはどのくらいのムスリムが暮らしていますか？

およそ10数万人ほどが暮らしていると推測されます。

正確な統計データはありませんが、およそ10数万人が暮らしていると見られています。しかし、ムスリムが日本でイスラームを実践するには、多くの困難が伴っているのが現状です。

● **日本には四つのタイプのムスリムがいる**

　日本では全国民に対して、信仰する宗教を尋ねる調査は行われていません。他方、文化庁の宗教統計調査に基づくと、各宗教団体の信徒数を合計すると1億8,889万人になり、日本の総人口をはるかに上回っています。そのため、イスラームを含めて日本国内における各宗教の信徒の正確な人数はわかりません。

　ただ、一部の報道や研究者の推計によれば、10数万人ほどのムスリムが日本で暮らしていると見られています。

　日本に暮らすムスリムは、来歴などによって四つに分類できます。すなわち、①出稼ぎやビジネス、研修、留学のため日本にやってきた在日外国人ムスリム、②①との結婚を機にイスラームに改宗した日本人ムスリム、③①と②の間に生まれたムスリム2世、④②とは異なり、ムスリムと接したり独学

で勉強したことがきっかけで、婚姻に依らずに改宗した日本人ムスリム、です。なお、①は圧倒的に男性が多いため、必然的に②は女性がほとんどです。

●整備されていないムスリムのための生活環境

　ムスリムがイスラームを実践するための生活環境は、日本では必ずしも十分ではありません。イスラーム諸国のようにムスリムが多く暮らす地域であれば、イスラームの実践に必要な環境は当地のムスリムの手で整えられており、ムスリム観光客が増加しても対応可能です。

　しかし日本の場合は、10数万人のムスリム人口しかいないところに、それを大幅に上回る年間80万人近い外国人ムスリム観光客が訪れるため、礼拝スペースや食事処が不足しています。

　また、日本への旅行者ではなく、在住者だからこそ生じる問題もあります。その典型的なのが③で挙げたムスリムとの国際結婚で生まれた子供たちの、学校における教育や生活に関する問題です。ハラール食品や断食の実践に対する学校の対応の遅れや、女子生徒の制服や体操服、あるいはスクール水着の着用などで問題が起きた例が見られます。

　社会人となっても、さまざまな問題に直面するムスリムは多いようです。上記のような子供の問題は大人でも共通です。さらに、就業時間における礼拝の実施や、飲酒を伴う接待などで困難を感じるムスリムは多いようです。また配偶者が外国人ムスリムの場合は、他の国際結婚と同様に、親族との関係、言語、就業、国籍や居住地などの問題も発生します。

　本書で取り上げている日本でのムスリム対応については、その対象が外国人ムスリム観光客だけではなく、在日外国人ムスリムや日本人ムスリムも含まれます。したがってムスリム対応は、観光客に対するおもてなしであると同時に、多文化共生社会を実現する手段とも見なすべきでしょう。

Q18 なぜムスリムは教義に従って生きることにこだわるのですか？

「現世」での生活が、「来世」を決定するからです。

ムスリムが普段の生活のみならず、旅先であってもハラールの食事や礼拝などイスラームの教義を実践するのは、そうした行いが来世での身の処遇を決定するからです。出家や修行といった仕組みがないイスラームは、日常生活における不断のイスラームの実践こそが、来世のあり方を左右します。

●終末の審判と現世の位置づけ

　イスラームは、Q15で触れたように、「現世（現実世界）はやがて終末を迎え、死者を含め人びとはすべて神によって一人ずつ審判を受ける」と説いています。クルアーンによれば、生前の行いを記した帳簿が一人ひとりに手渡され、生前の行為が天秤によって量られ、その軽重によって来世を天国（楽園）と地獄（火獄）のどちらで過ごすかが決定されます。

　生前の行為の善悪とは、シャリーアに基づいた行為を行ったか（禁止行為を避けたか）否か、という点にかかってきます。また、審判の対象は現世での言動のみであり、死によってイスラームの実践は完結します。もちろん、死がいつ訪れるかは神の思し召し次第で、本人にはうかがい知ることはでき

ません。ちなみに自殺は、本来はアッラーが定める天命をあたかも人間が決める行為であり、殺人と同様にハラム（禁止）です。

●日常生活でのイスラームの実践が重要

したがってムスリムは、人生という現世での限られた時間の範囲の中で、シャリーアに基づいて行動を選択することになります。シャリーアとその細目規定である法規則（フクム）は、日常生活の細部にも行動基準と価値判断を示しているため、冠婚葬祭から日常生活、あるいは食事の内容に至るまで、ムスリムの行為はすべてイスラームの実践としてとらえられます。

また他の宗教と異なり、イスラームの多数派においては、神と人間とをとりなすような仲介者や、宗教的階位を高めるための修行、あるいは世俗の生活から離脱する出家といった制度は存在しません[1]。こうした理由から、脱世俗的な隠遁生活よりもむしろ日常生活でのイスラームの実践の方が、来世での身の処遇を左右する重要な行為だといえるわけです。

ただし、日常生活を逸脱し命を賭してでも行うことによって、来世で多大な報酬を得られる行為があります。それは殉死です。ジハードによる死によって信仰の証を立てた者[2]、信仰ゆえに殺された者、あるいは一生をイスラームに捧げた者が殉教者として扱われます。もっとも殉教者はごく少数であり、やはり一般の信徒はシャリーアに従って日常生活の中でイスラームを実践することになります。

1　イスラーム神秘主義、スーフィズム、聖者（ワリー）信仰など、一部の法学派では、仲介者の存在や、修行・出家を認める事例もあります。
2　ジハードとは、本来は「神の道において努力する」という意味の言葉ですが、異教徒との戦争や、さらには同じムスリムであっても悪政を行う独裁者の政権を打倒するための運動も、ジハードという表現が用いられます。また上述のように、自殺は禁止事項ですが、ジハードによる自爆テロの実行者は殉教者であると見なす解釈もあります。

第3章

イスラームへの誤解を解く

イスラームは中東の宗教ですか？

発祥は中東ですが
ムスリムは世界中で暮らしています。

イスラームといえば、「中東の宗教」「アラブの宗教」というイメージがあります。確かに中東地域やアラビア語には、イスラームの「真正性」が付与されますが、その他の地域においてもイスラームの活動は活発です。そのため、「イスラームは中東の宗教」と安易に決めつけるのは不適切です。

●中東はイスラームの中心地

　イスラームの開祖ムハンマドは、現在のサウジアラビアのメッカ生まれです。彼の口を通じて語られる神の命令はアラビア語であり、聖典クルアーンはアラビア語で書かれたもののみが正式とされています（Q12）。そのため、中東以外のアラビア語を母国語としないムスリムは、クルアーンの音読や読解ためには相応のアラビア語の習得が必要となります。

　次に、イスラームの聖地はサウジアラビアのメッカです。1日5回の礼拝はメッカのカアバ神殿に向かって行われ、可能であれば、一生に1度はここを訪れなければなりません。聖地巡礼の対象となる地はメッカのみであり、他の場所では代替が効きません。

図表 3-1 地域別ムスリム人口 （2010年、推計値）

地域	ムスリム人口	比率
アジア太平洋	10億0,550万人	62.1%
中東・北アフリカ	3億2,190万人	19.9%
サブサハラ・アフリカ	2億4,250万人	15.0%
ヨーロッパ	4,410万人	2.7%
南北アメリカ	530万人	0.3%
合計	16億1,930万人	100.0%

出典：Pew Research Center (2011)
"The Future of the Global Muslim Population: Projections for 2010-2030"

図表 3-2 ムスリム人口上位10カ国 （2010年、推計値）

国名	ムスリム人口
インドネシア	2億0,480万人
パキスタン	1億7,810万人
インド	1億7,730万人
バングラデシュ	1億4,860万人
エジプト	8,000万人
ナイジェリア	7,570万人
イラン	7,480万人
トルコ	7,470万人
アルジェリア	3,480万人
モロッコ	3,240万人

出典：Pew Research Center (2011)
"The Future of the Global Muslim Population: Projections for 2010-2030"

　また、スンニ派の最高学府は、エジプトにあるアズハル大学です。この大学で所定の課程を修了すれば、イスラームを正しく学んだ者として扱われ、モスクの指導者や学校教師の道が開けます。

マレーシア人ムスリム女性向けのベールであるトゥドゥン

●ムスリム人口が多いのはむしろ東南アジア地域

　このようにイスラームは、中東やアラビア語を中心としてとらえられる一方で、それ以外の地域や言語、民族は周縁に位置づけられる傾向があります。しかし図表3-1によれば、中東・北アフリカに暮らすムスリムは全体の20%程度に留まっており、その過半数以上はアジア太平洋に暮らしています。

　具体的には、国別ムスリム人口を表す図表3-2によれば、最大のムスリム人口を抱えるのは東南アジアのインドネシアであり、そのほかでも、1億人を超える3カ国、すなわちパキスタン、インド、バングラデシュはいずれも、南アジアの国々です。

　また、ハラール食品やイスラーム金融などイスラームに基づいたビジネスは、むしろ東南アジアの方がさかんであるという点も見逃せません。

Q20 イスラームは一枚岩ですか？ 地域差はあるのですか？

法学派間の違いや地域間の違い、個人差などがあります。

クルアーンやハディースは、後世による削除・追加・改変が禁じられてきました。そのため、「時間・空間認識」や「六進五行（イスラームが信ずべき六つの信条と実行すべき五つの行い）」など、教義の本質は変容することなく現代まで伝えられています。しかしながら、イスラームの実践のあり方にはさまざまな違いが存在しています。

●地域差を生む要因

　地域差の原因の一つ目が法学派の違いです。法源やシャリーア、ムスリム共同体の統治方法などの違いによって生じる法学派ですが、地域ごとに主流派が異なります。

　まず、多数派のスンニ派とイランを中心とするシーア派とに大別されます。スンニ派はさらに、ハナフィー学派（中央・南アジア）、マーリク学派（北アフリカ）、ハンバル学派（アラビア半島）、シャーフィイー学派（東南アジア）などに別れます。

　また近代以降は、伝統的法学派を批判し、近代的な思想ないしは各法学派

図表 3-3　スンニ派とシーア派の違い

相違点	シーア派	スンニ派
人口	・ムスリム人口の10%ほど ・イランとバハレーンの全域。イラク、イエメンなどの一部	・ムスリム人口の90%ほど ・シーア派主流地域を除く世界全体
中心地	・イラン	・サウジアラビア（メッカ、メディーナ） ・エジプト（アズハル大学）
信仰の拠り所	・預言者ムハンマドの血脈とイマーム	・クルアーン、ハディース等の法源
属する法学派	・ジャアファル派（十二イマーム派）、イスマーイール派（七イマーム派）、ザイド派、など	・ハナフィー派、ハンバル派、マーリク派、シャーフィイー派、など
ハラール食品	・鱗のない魚（うなぎなど）はハラム	・ハナフィー学派を除きシーア派と同様の制限はなし ・ハナフィー学派は鱗のない海洋生物（うなぎ、サメ、カニなど）はハラム
礼拝	・トルバと呼ばれる石や素焼きの土片を地面に置き、跪拝の際に額にあてる	・トルバは使用しない

出典：各資料をもとに筆者作成

　の考えを柔軟に取り入れた、独特の解釈を主張するイスラーム知識人も登場しています。

　次に、イスラームが普及する以前に存在していた独自の習慣が、イスラーム普及後の現在にも存在している地域があります。たとえばマレーシアには、タパイという米を使った発酵食品があります。発酵させているためアルコール成分が含まれますが、結婚式などイスラーム以前から続く伝統的儀礼の場面では、ムスリム参列者が口にすることがあります。

　そして最後が、西洋化・世俗化がどの程度受け入れられているかによって生じる地域間の差です。早くから世俗化を標榜したトルコでは、ヴェールを着用していない女性や大っぴらに飲酒を行っている光景もよく見かけられま

コメに酵母を混ぜ、葉で包んで発酵させた自家製のタパイ

す。他方、「イスラーム共和国」を標榜するイランでは、こうした人物の姿を街中で見かけることはまずありません。

●地域差がムスリム対応に与える影響

　日本で行われるムスリム対応の場面では、ムスリムの出身国・地域や個々人の信仰のあり方の違いが、提供されるべき環境や商品・サービスへのニーズの違いとなって表れます。たとえば、飲食可能な食材、アルコール消毒の可不可、介助犬（ブタと同様、イヌもムスリムにとっては不浄のものとされています）の受け入れなどです。
　ムスリム一人ひとりのイスラームへの考え方や個人的経験によって、イスラームの多様な信仰とその実践のあり方もまた異なります。したがって、外国人ムスリム観光客の要望に基づいた、きめ細かい対応が必要となります。

Q21 イスラームさえわかれば、外国人ムスリム観光客のことがわかりますか？

個々人の理解も必要です。そのためには多様なアプローチが必要です。

適切なムスリム対応を行うためには、イスラームへの理解は重要な点といえます。しかしながら、外国人ムスリム観光客は、必ずしもイスラームの理屈だけで行動するわけではありません。ムスリム個々人と向き合うことで、相手の希望を理解することが大切です。

●イスラームの知識だけでは説明がつかない

「イスラームがわかれば外国人ムスリム観光客がわかる」という発想は、二つの点で問題があります。

一つは、Q20で確認したように、そもそもイスラームやムスリムの側に多様性が存在していることです。たとえば、相手が非ムスリムであっても、飲酒する者と同席することに嫌悪感を抱くムスリムもいれば、自ら好んで飲酒を行うムスリムもいます。こうした実情は、単純にイスラームの知識だけでは理解することはできません。

もう一つの問題は、ムスリムの言動がすべてイスラームの教義だけで説明がつくわけではない、という点です。もちろん、正統なイスラーム法学の立

場からいえば、ムスリムの言動はすべてシャリーアに基づき適切・不適切の判断の対象になるわけですが、少なくともこの範疇に逸脱しないかぎりにおいて、ムスリムには自由な選択が行えます。

●ムスリムだって嗜好はいろいろ

　たとえば、食事におけるムスリム対応ということで、料理からブタ由来の成分やアルコール成分の排除を中心に考える飲食店は多いのですが、そうした対応のみでムスリムが喜んで食べてくれるかというと、必ずしもそうとはかぎりません。

　確かに、シャリーアに照らし合わせて飲食可能なものとそうではないものを把握することは、ムスリム対応を目指す飲食店にとっては基本です。しかし、その料理や味付けをムスリムが好むか否かは、別の問題です。

　端的にいえば、ムスリムに食事で楽しんでもらうためには、ムスリムが好む料理や味のバリエーションについても十分に検討し、彼ら／彼女らの嗜好にあったものを提供する必要があるでしょう。

　また日本人でも、何を選んで食べるかは個人的な属性（性別、年齢など）や暮らしている土地柄、生活習慣、あるいは食事を行う場面や相手、そのときの気分などに左右されます。これはムスリムでも同じことです。

　「ムスリム対応」は、基本的にはクリアしなければなりませんが、しかし、「ムスリムだから」「東南アジアの人だから」といった理由だけで、画一的な対応を取ることは適切とはいえません。外国人ムスリム観光客のニーズについて、個々人の属性や好みなど、多様な側面からとらえて対応することが必要です。

Q22 なぜお酒を飲むムスリムがいるのですか？

信仰とその実践の度合いは人それぞれなので、当然飲酒する人もいます。

飲酒は、クルアーンでは禁じられる一方で、平然とお酒をたしなむムスリムがいるのも現実です。飲酒についての認識や、酒類販売の状況は、国や地域、個人によってさまざまだといえます。

●ムスリムがお酒を飲む理屈

　聖典クルアーンには、飲酒について次のように書かれています。「あなた方信仰する者よ、誠に酒と賭け矢（ギャンブル）、偶像と占い矢（占い）は、忌み嫌われる悪魔の業である。これを避けなさい。そうすれば、恐らくあなた方は成功するであろう」［クルアーン 5:90］。

　神に帰依するムスリムならば、クルアーンのこの記述に従うのは当然なのだろうと、私たちは理解しますが、実際にはお酒をたしなむムスリムの姿を目にします。このようなルールと現実との乖離に、異教徒としては戸惑うばかりです。飲酒を行うムスリムにこの点を尋ねると、さまざまな答えが返っています。

　「今は異教徒の国である日本に旅行中なのだから、細かい規定は免除される」「俺は酒に強いからこの程度では酔っぱないし、ちゃんと礼拝できる」

「お酒は飲むけど、ブタ肉は食べないし断食もちゃんとやっている」「そもそもクルアーンで禁止しているのは『ハムル（khamr）』のことで、これはワインを指しているだけだ。日本酒や焼酎はハムルではない（だから飲んでもよい）」。

　こうした理屈がイスラーム法学上適切な解釈かどうかはわかりませんが、実際に一部のムスリムはお酒を口にするのは事実です。

●酒については厳しい国から寛容な国までさまざま

　国内での酒類の扱いは、イスラーム諸国でも対応が分かれます。サウジアラビアやイランのように、販売・提供のみならず国内持ち込みも認めない国や、カタールのように飲食店では外国人が来店する高級店舗のみで、販売は国内唯一の販売所で購入ライセンスを保持する者に対してのみの国など、厳しい対応の国は存在します。

　しかしその一方で、マレーシアのような非ムスリム人口比が比較的高い国では、街中のコンビニエンスストアやスーパーマーケットで容易にアルコールを購入することができます。ただしそのような国の飲食店でも、店舗内に「ムスリムのお客様にはお酒を提供しません」という注意書きがある場合もあります。

　公然と、あるいは陰に隠れて飲酒を行うムスリムもいますが、まったく飲酒を行わないムスリムも当然います。本人だけでなく、目の前で飲酒されることにすら嫌悪感を抱く者もいます。日本へのパッケージ・ツアーで、夜のお花見を組み入れたところ、酔っ払った日本人を目にしたとたん不機嫌になった外国人ムスリム観光客が続出した、という話も伝わっています。したがって飲酒するか否かは、最終的にはムスリムの自己責任による判断に委ねるべきでしょう。

イスラーム諸国に娯楽はあるのですか？

ギャンブルや飲酒は認められませんが、娯楽はあります。

Q22で触れたように、クルアーンで禁じられている娯楽については、ムスリムは楽しむことはできません。他方で、明確には禁じられていない娯楽やイスラーム以前の伝統文化、あるいは西洋由来の最新ブームなどについては、解釈が分かれており、国や地域によって対応はまちまちです。ただし、旅行は家族で楽しめる健全な娯楽とされています。

●解釈が難しい娯楽のとらえ方

　Q22で取り上げたクルアーンの章句には、「飲酒」「ギャンブル」「占い」といった、非イスラーム諸国では一般的に親しまれている娯楽が、禁じられる行為として挙げられています。このように明文化されている娯楽については疑念の余地はありません。しかし、言及がない娯楽に対しては、国や地域、イスラーム法学者によって解釈が分かれる傾向にあります。

　娯楽のうち、他の宗教に関連するものや新奇なものは忌避されることがあります。たとえばマレーシアでは、ヒンドゥー教に由来するとして、「ヨガ」に対して禁止のファトワー（法学裁定）が出されました。またゲームソフト

の『ポケモンGO』については、射幸性（まぐれ当たりの利益をねらうこと）が高いことに加えて、スマートフォンを見ながらの歩行は危険であることから、ムスリムが利用することに懸念を示すイスラーム法学者もいます。

一方、音楽や映画、テレビ、絵画は、イスラーム諸国で受け入れられていますが、その内容が反イスラーム的であったり、性的・退廃的であれば、公演や上映が禁じられることがあります。スポーツに関しても、サウジアラビアやブルネイなどがオリンピックに女子選手を派遣するようになったのは、2012年のロンドン五輪からです。

●地域によって異なる娯楽

娯楽に関しては、国や地域によって許容される範囲が異なっています。また、地域の伝統文化に由来する娯楽が親しまれる場合もあります。たとえばインドネシアのジョコ・ウィドド大統領は、「ロック好き」で知られています。ジャカルタ特別州知事時代にアメリカのヘビメタ・バンド「メタリカ」による同国初のコンサートに足を運んだほどです。また、アラビア半島のドバイでは「ラクダレース」が、カタールでは「鷹狩」が、現地の富裕層の間で楽しまれています。

他方、地域を問わず好まれる娯楽が旅行です。家族でさまざまな体験が行える旅行は、健全な娯楽として好まれています。もちろん、旅行自体は健全ですが、旅先での文化体験にイスラームに反するものが含まれていれば、それは適切な娯楽とはいえません。

外国人ムスリム観光客を迎え入れる際は、「日本の伝統文化だから」「最近の流行だから」という理由で温泉やお花見などの娯楽を強制するのではなく、相手の意向を確認した上で、適切な形で娯楽を提供できるよう心がけましょう。

Q24 観光でムスリム対応を推進しているのは日本だけですか？

A イスラーム諸国はもちろん非イスラーム諸国でも取り組みが進められています。

ムスリム対応とは、必ずしも観光客のみを対象とするものではなく、国内在住ムスリムとの共生という側面も含みます。そのため、各国の観光産業でのムスリム対応の進捗状況は、①国内にどの程度ムスリムが暮らしていて、彼ら／彼女らの日常生活を支える環境がすでに整えられているか、②近年のムスリムの観光ブームの中で、観光客増加に既存の環境で対応可能か（あるいはさらなる環境整備が必要か）、という2点によって左右されます。

●イスラーム諸国の状況

　中東や北アフリカ、中央アジア、南アジアのいわゆるイスラーム諸国は、ムスリム人口比が過半数を上回っているため、ムスリムが日常生活の中でシャリーアを実践する環境がすでに整っています。ただ、シャリーアへの準拠が当然視されている環境であるがゆえに、中東から離れた東南アジアのマレーシアやインドネシアのような厳格なハラール認証制度が浸透してきませんでした。そのため、近年ハラール認証制度を導入しようという動きが起きています。しかし、内戦やテロなどによって治安状態が悪いため、ムスリム

観光客が足を運びにくい国もあり、新たな環境整備にはばらつきがあるのが現状です。

●非イスラーム諸国の状況

　他方、非イスラーム諸国の状況ですが、イギリスやフランスのように、ムスリム観光客が多いのに加えて、ムスリム移民が在住している国があります。このような国では、ムスリム住民の生活を満たすムスリム対応の飲食店やモスクが存在しており、ムスリム観光客の増加に対応できるキャパシティはあるといえるでしょう。

　ただ、イギリス在住ムスリムの出身国ならパキスタンやバングラデシュ、フランスの場合ならアルジェリアやモロッコといった具合に、旧植民地からの移住者が多いため、飲食店で提供される料理やハラール認証などはそうした国々の状況に左右されがちです。

　日本の場合は、国内のムスリム人口が少ない一方で、外国からのムスリム観光客が近年増加しています。韓国、台湾、香港などの東アジア諸国も似たような状況にあり、これらの国々は日本と距離的にも近いため、互いに外国人ムスリム観光客の奪い合う関係にあるといえます。

　たとえば、成田（日本）、仁川（韓国）、桃園（台湾）、香港（中国）といった各国の表玄関である国際空港でのムスリムが使用できる礼拝室の設置は、1990年代末ごろから競うように進められました。また飲食店、ホテル、観光施設については、イギリスやフランスとは異なりムスリム住民のための既存のムスリム対応店舗が圧倒的に少ないため、政府や地方自治体、業界団体、あるいはイスラーム団体が連携して拡充を図っています。

　国ごとに置かれた状況が違うため、対応すべき課題は異なるものの、外国人ムスリム観光客の増加は各国が目指しているところです。

Q25 なぜムスリムだけに特別な配慮をしなければならないのですか？

A ムスリム対応は、宗教のバリアフリーの一環としてとらえることができます。

ムスリム対応とは、主に外国人ムスリム観光客を迎えるにあたり、料理の食材や味付けの変更や礼拝のための施設の改装など、これまで未対応だった事物をホスト側が変更することを意味します。しかし、このような状況に対して疑問を持つ方も少なからずいます。

●ムスリム対応への疑問

官民挙げてのムスリム対応の実施に対し、「なぜやってくる外国人ムスリム観光客側ではなく、迎え入れる日本側が手間暇をかけるのか」「ムスリムには『郷に入りては郷に従え』という考えがないのか」「ムスリムを特別扱いするなら、他宗教を信じている我々にも特別扱いをするべきだ」といった疑問を持つ人もいます。特に最後の疑問は、「ムスリムのための礼拝スペースを設置するのならば、キリスト教徒やユダヤ教徒、仏教徒などのための瞑想ルームも同じように設置すべきだ」、あるいは「ムスリム向けのハラール食品があるのならば、ベジタリアン料理やユダヤ教徒向けのコーシャ料理なども、もっと充実させるべきだ」といった具体的な提案が、観光施設や大学などに提示されています。

●宗教のバリアフリーと多文化共生社会

　私たちが改めて意識しなければならないことは、「日本国内で提供されている観光を含めた日本人向けの各種商品・サービスには、日本の価値観が反映されている」という点です。当事者の日本人には気づきにくいポイントですが、異なる価値観を有しているムスリムだからこそ、日本の独自性に気づきます。またこれらは、シャリーアに抵触するために、ムスリムにとっては利用が適いません。日本在住ムスリムは10数万人ほどしかおらず、これまではムスリムの生活のための環境整備は不十分でした。そのため、訪日外国人ムスリム観光客が増えた2010年以降、ムスリム対応が急に必要となったわけです。

　日本は、観光立国化を目指すとともに、多文化共生社会の実現を目指しています。すなわち、国籍、民族、宗教などさまざまな属性を持つ人びとが、協調して暮らせる社会を構築するための取り組みです。また、高齢者や障碍者、性的マイノリティーなどの社会的弱者が、他の人びとと等しく暮らしていけるバリアフリー社会の構築も目指しています。

　飲食店における介助犬の同伴、食品で使用しているアレルギー源の表示、オストメイト（人工肛門等の保有者）対応の多機能トイレなどの環境整備は、近年になって本格化してきました。

　ムスリム対応とは、単に経済的に豊かな外国人を受け入れて国内ビジネスを発展させることだけを目指すものではありません。ムスリム対応が「特定の信仰を持つことから生じる不利益からの解放」を目指しているという意味では、多文化共生社会やバリアフリー社会の構築の一環といえるでしょう。もちろんムスリムだけでなく、さまざまな宗教の信者への配慮も同じようできるようになることが理想なのはいうまでもありません。

Q26 ムスリムはハラール認証があるものしか食べないのでしょうか？

「珍しいものを食べてみよう」と思う人もいれば「認証があるものだけ」の人もいます。

ムスリムが食事の際に、「どんな食事を選ぶか」「何を根拠として選ぶか」については、ムスリム個々人によって異なります。ただし、訪日外国人ムスリム観光客に関していえば「日本で食事をする」という特殊事情に加えて、「ほかのムスリムの目が気になる」という事情から、食事のあり方が左右されたり、いつもとは異なる食の行動をとることがあるようです。

●ムスリム対応の日本食しか食べない？

　母国では、ハラール認証を取得した飲食店にしか足を運ばないムスリムでも、「せっかく日本へ観光旅行に行くのだから、神戸牛や魚の活け造りなど、日本ならではのメニューを食べてみよう」と期待するするムスリムもいます。また、母国にあるハラール認証を取得した日本食レストランで、寿司やうどんに慣れ親しんだムスリムは、「本場の味を楽しんでみたい」と思うのも当然です。そうした料理を提供するムスリム対応の飲食店が日本にあれば問題はありません。
　しかし、ムスリム対応の飲食店がなかった場合は、その後の行動は個々人

によって分かれます。すなわち、「それでも試してみるムスリム」と、「飲食をあきらめるムスリム」に分かれるわけです。

　もちろん、まったく逆のタイプのムスリムもいます。自国でそうしているのと同じように、来日してもハラール認証を取得している飲食店にしか行かないムスリムです。近年ではインターネットなどで情報入手が容易になっており、「ハラール認証を取得している飲食店はこことあそこにしかないから、それに沿ったスケジュールを立てよう」と決めている外国人ムスリム観光客もいます。

　また、そもそも飲食店を利用せず、キッチンつきのコンドミニアム・タイプのホテルで自炊する者もいます。

●食事の選択の基準は人それぞれ

　こうした選択には、個人の嗜好に加えて周りの目からも影響を受けています。家族や知り合いの前だけなら、ハラールではない料理や食品を食べることには抵抗はなくても、パッケージ・ツアーで一緒になった他のムスリムの前では、ハラール以外の飲食は憚られると感じるムスリムもいます。イスラームでは、ムスリムはアッラーと直接向かい合う関係にあるとはいえ、他のムスリムの目を気にする者も少なくありません。

　一方で、「ムスリムが何を食べてよいのか」についてはシャリーアやそれに基づくハラール認証によって定められていますが、ムスリム個々人が自分の感覚や場の状況にしたがって、自分なりの基準で判断しているムスリムも非常に多いのは事実です。「同じ宗教の信者だからみんな同じ」と考えるよりも、「同じ宗教の信者とはいえ考え方は人それぞれ」と認識した方が適切だといえるでしょう。

自分の店舗でムスリム対応を行う場合、ハラール認証の取得は必須ですか？

 信頼性の高いハラール認証は重要です。ただ、認証にこだわるだけでなく、積極的な情報公開も心がけるべきです。

一言でハラール認証といっても、認証団体によってその内容はさまざまです。また、ムスリムの側も、信頼おける認証団体のロゴの有無にこだわる者もいれば、深くはこだわらないムスリムもいるのが現状です。

● ハラール・ロゴへの信頼は認証団体への信頼

　ハラール認証とは、商品やサービスがイスラーム教義に則って調理・製造されたものであることを証明する制度です。それらが、ハラール認証団体の定めたハラール認証基準に合致しているかどうかを、シャリーアや食品化学の専門家が審査し、認められれば商品や店頭に認証団体公認のロゴ・マークを添付・掲示できるというものです。そのため、ハラール・ロゴの存在それ自体が、ハラールであることの証明となります。

　しかし一方で、ムスリム消費者にとっては、そのロゴを発行した団体がどのような基準を用いて認証しているかが見えにくいという問題も抱えています。そのためハラール・ロゴへの信頼性は、認証団体への信頼に依拠し

ています。特に東南アジアからのムスリム観光客にとっては、JAKIM（マレーシア）、LPPOM-MUI（インドネシア）、MUIS（シンガポール）、CICOT（タイ）など出身国の認証団体に対してより強い信頼を寄せています。ですから、慎重なムスリム消費者とっては、ロゴの有無に加えて、どの団体のロゴであるかも重要な要素となります。

●まずは情報公開から行おう

　他方で、ハラール・ロゴの有無にこだわらないムスリムもいます。こうしたムスリムは、ハラール認証を取得していない飲食店にも入店し、メニューにある成分表を見たり店員に確認しながら、ブタ由来の成分やアルコール成分を避けて飲食を行っています。認証はなくとも、ハラム成分さえ料理に含まれていなければ、それを食べても大丈夫だと考えているわけです。このような飲食店の店員にとっては、ハラールであることを明示するハラール・ロゴがない分、メニュー表や口頭でブタやアルコールを使用していないことを説明しなければなりません。

　上記の点を鑑みれば、飲食店やホテル、土産物店等においては、外国人ムスリム観光客への積極的な取り組みを行うのであれば、ハラール認証の取得は必須とはいわないまでも、取得するに越したことはありません。

　また、仮にハラール認証を取得しないとしても、外国人ムスリム観光客が適切な判断を行えるよう、扱っている商品・サービスについて店舗側からさまざまな情報提供を行うことが重要だといえるでしょう。

Q28 ムスリム対応を行うと店の売上は増加しますか?

A **それだけでは増加しません。あなたの店舗がムスリム対応していることを、積極的に広報する必要があります。**

あなたの店舗がムスリム対応を行っているのであれば、そのことを外国人ムスリム観光客に知らせるように広報活動を行う必要があります。その一方で、既存客である日本人客の売上も落とさないようにする工夫が必要です。

●外国人ムスリム観光客は増加するか

　日本においてムスリム対応を、東南アジアや中東と同水準で実施しようとするならば、厨房や排水設備の増改築、食材や土産物の仕入れ先の変更などによるコスト負担が増加するのに加え、味の変更や調度品の飾り替えなど、多大な労力が経営者側に求められます。かかったコストに見合った売上増を期待する半面、ムスリムに配慮をするあまり日本人常連客の足が遠のき、かえって売上減少を招いてしまう可能性もあります。

　またもし仮に、ムスリム対応のための体制が整ったとしても、その翌日から外国人ムスリム観光客が殺到するかといえば、残念ながらそうはいかないでしょう。なぜなら、日本の店舗がムスリム対応したという事実は、中東や

東南アジアのムスリムにとっては知る由もないからです。では、どうしたら「日本の〇〇市にムスリム対応のお店ができたらしい。行ってみよう」と思い立ってもらえるのでしょうか。そのためにはまず、ムスリムに周知する必要があり、いろいろな手法で外国人ムスリムに宣伝を行うことが重要です。ウェブサイトを通じての広報が一般的ですが、SNSでの口コミ情報、あるいは地方自治体や観光協会の発行するパンフレットやリーフレットに掲載してもらうことも有効です（Q61）。

●日本人客が減少するリスクもある

あなたの店舗が外国人ムスリム観光客への対応を行った場合、逆にそのことで日本人の顧客が離れてしまうといったリスクも考慮しておく必要があります。たとえば飲食店の場合、ムスリム対応としてブタ由来成分やアルコール成分を排除したり、サンバルやチリなど辛口の調味料を多く使用した結果、味やメニューが大きく変わってしまい、馴染みの日本人の顧客が離れていく可能性があります。特に、とんかつやポークソテーといったブタ肉料理を主力とする飲食店でハラール認証を取得するのは、売上減少を招いてしまうという大きなリスクを孕んでいます。

そこで、店舗としてハラール認証は取得しないまでも、外国人ムスリム観光客向けのメニューと、日本人を含めた非ムスリム向けメニューとを両方準備することで、対応してみるのも一つの方法です。その際に、厨房や食器の区別をしているかどうかなどの情報を、店側からムスリム側に示すことが必要になります。

ムスリム対応は、日本全体から見れば多文化共生という社会的意義のある取り組みですが、個別の店舗にとっては売上増加が伴ってしかるべきものです。「ムスリム対応をした結果、全体として売上が減少した」では困ってしまいます。「多文化共生」と「売上増」の両者のバランスが取れるよう、関連団体と連携して地域ぐるみでの取り組みが必要だといえるでしょう。

第4章

イスラームに基づく産業

イスラームはビジネスとどのように結びついていますか？

 イスラームの教義に基づいた商品やサービスを提供する産業が「ハラール産業」です。

ムスリムは、イスラームの教義に則って日常生活を暮らしており、その中でさまざまな商品やサービスに接しています。したがって、ムスリムの信仰を妨げないように配慮された商品やサービスを提供する産業が必要となってきます。このような産業は一般的にハラール産業と呼ばれています。

● イスラームは「お金を儲けてもよい」宗教？

　宗教においては「清貧こそが貴い」というイメージが、日本人の間では一般的に持たれています。

　とりわけ、宗教とお金が結びつくこと、すなわち宗教を用いたお金儲け（たとえば霊感商法や、高額な冠婚葬祭の費用など）に対し、強い拒否感を感じる人も多いはずです。

　これに対してイスラームでは、異なる考え方を有しています。たとえば、聖典クルアーンには「神は商売を許し、利子を取るのを禁じたもうた」［クルアーン 2:275］とあり、自身の才覚に応じて商行為を行い、そこから利益を得ることを認めています。

ただし、商売によって得られた富の蓄積は、その所有資産に応じて、定められた割合の喜捨（ザカート）を負担する必要があります。

●ムスリムの生活に根差したものはすべて「ハラール産業」

ハラール産業とは、商品やサービスの中から「イスラームに反する要因」を排除して提供する産業を指します。

「利子が発生しない融資・預金制度を採用しているイスラーム金融産業」や、「ブタやアルコール由来成分の食材を使用しないハラール食品産業」などが典型例です。

礼拝用絨毯など宗教儀礼に直接関連する道具や、何か特別な祈祷が捧げられたり特殊な成分が含まれたりした商品・サービスを提供する産業のみを「ハラール産業」と呼ぶわけではありません。

もっとも、イスラームはムスリムの日常生活全般にわたり影響を与えているため、「ムスリムが接し消費しうる商品やサービスを提供する産業はすべてハラール産業である」という見方もできます。

学校などの教育産業、音楽や演劇などの芸術産業、自動車や電子機器などの製造業も、広い意味ではハラール産業と見なせるかもしれません。

他方、ムスリムに禁じられている行為もあります。すなわちギャンブル、売春、アルコールの製造・販売などです。そのためこれらの商品・サービスを提供する産業は、ハラール産業に含まれることはありえません。

イスラームとビジネスとがどの分野で結びついているか、あるいはハラール産業にはどのような商品・サービスが含まれるかは、議論の余地があるところです。しかし、パソコンやスマートフォン用のソフトやアプリを扱うIT産業もハラール産業の対象となるなど、近年ではその範囲が拡大する傾向にあるといえるでしょう。

Q30 ハラール産業の市場規模はどのくらい？

各産業分野ごとに数兆〜約 200 兆円の市場規模があります。

Q29 で触れたハラール産業ですが、「ハラール食品」「イスラーム金融」の各分野で約 130 〜 210 兆円、「ファッション」「メディア・娯楽」「観光」「医薬品・化粧品」の各分野で、それぞれ約 10 〜 30 兆円の市場規模があります。

● 主要なハラール産業と市場規模

　ハラール産業の中で、最も市場規模が大きいのが、イスラーム金融産業です。銀行・保険・債券・証券などのイスラーム金融市場は 209 兆円で、このうちイスラーム銀行市場は 155 兆円です。これは、世界の金融市場の 1.27% にすぎませんが、中東湾岸諸国のオイルマネーの重要な投資手段の一つとなっています。

　同じく 100 兆円の大台を超えている産業が、ハラール食品産業です。農林水産業や食品・飲料の製造業、飲食業、ケータリング業などがこの産業に該当します。市場規模は 130 兆円で、世界の食品市場の 17% に相当し、日本の食品市場（42 兆円）のほぼ 3 倍に匹敵しています。

　3 番目に規模が大きいのが、ファッション産業です。世界のファッション

図表 4-1　主要なハラール産業と業種と市場規模　（2014年）

産業	市場規模	主な商品・サービス
イスラーム金融	209兆円	融資、預金、保険、証券、債券など
ハラール食品	130兆円	畜産、屠畜、食品加工、レストラン、フードコート、ケータリングなど
ファッション	26兆円	服、装飾品、ファッションショーなど
メディア・娯楽	21兆円	新聞、書籍、雑誌、テレビ、ラジオ、ソフト、アプリなど
観光	16兆円	ツアー旅行、ホテル、交通機関など
医薬品	9兆円	薬など
化粧品	6兆円	化粧品など
合計	417兆円	

出典：Thomson Reuters and Dinar Standard (2015), "State of the Global Economy Report 2015/16" をもとに著者作成

産業の11％に相当する26兆円が、ムスリムの男女の衣服のために消費されています。この中には、イスラーム諸国である南アジアや非イスラーム諸国の中国で生産された安価なものから、欧米企業の高級ブランドのものまで含まれています。

　ファッション産業に続くのが、メディア・娯楽産業です。これは、新聞や書籍、雑誌、テレビ、ラジオといったメディア産業、音楽や映画などの娯楽産業、そしてパソコン用のソフトやスマートフォン用のアプリなどを一つの産業として見なしたものです。市場規模は21兆円で、世界の同市場の5％に相当します。

　メディア・娯楽産業をやや下回るのが、観光産業です。航空会社などの交通機関、ホテル・旅館業、観光地・施設、旅行会社、および情報サイトなどを含めた分類で、16兆円と見積もられています。これは、アメリカの観光市場（16兆円）とほぼ同水準です。

　他にも、ブタやアルコール由来の成分を使用しない医薬品市場（9兆円）や化粧品市場（6兆円）も、主要なハラール産業です。

Q31 イスラームン金融産業の特徴は何ですか？

利子、不確実性、投機性などを排除した金融システムです。

イスラーム金融とは、西洋発祥の従来型金融システムのうち、イスラームに反していると見なされる要素を取り除いた金融システムのことです。ハラール産業の中でも最も市場規模が大きい産業です。

●イスラーム金融の考え方

　聖典クルアーンの「神は商売を許し、利子を取るのを禁じたもうた」［クルアーン 2:275］などの記述を根拠に、イスラームでは銀行利子は禁じられるという立場から、利子のない金融制度の構築が行われました。1950〜60年代のパキスタンやマレーシア、エジプトでの実験的取り組みを経て、利子からではなく、ビジネスへの共同参加や実物資産の取引などを通じて利益を得るビジネス・モデルを確立、初の本格的なイスラーム銀行であるドバイ・イスラーム銀行が 1975 年に誕生しました。

　イスラーム銀行には、利子の排除以外にも、イスラーム的な特徴が見られます。たとえば、①アルコール業者や養豚業者などイスラームに反するビジネスを行う企業に対する融資の禁止、②売買契約やリース契約など実物資産

の取引が伴う融資の実施、③イスラーム法学者による外部監査制度であるシャリーア・ボードの設置、④投機性が高く不確実性（将来どうなるか現時点では不明であること）が含まれる融資や出資の禁止、などが挙げられます。

　イスラーム銀行の成功は、他の金融分野でのイスラーム化を促しました。「怪我をしたり死亡したりすると給付される」という従来型の保険制度は、上記のように不確実性が含まれているからイスラームに反すると見なされてしまいます。それに代わるかたちで、すべての保険加入者を一つのコミュニティと見なし、相互に助け合うという発想で、イスラーム式のタカフル保険が誕生しました。

　ほかにも、利子ではなく利益を分配する契約を採用しているイスラーム式債券「スクーク」や、イスラームに反していない企業の株式や不動産に投資を行う「イスラーム投資信託」、あるいは「イスラーム不動産投資信託」などがあります。

●イスラーム金融市場の規模

　イスラーム金融の中心であるイスラーム銀行市場はおよそ155兆円ですが、このうちイラン（37兆円）、サウジアラビア（35兆円）を中心とする湾岸諸国、およびマレーシア（20兆円）が、イスラーム金融の主要な市場となっています。

　他方、資金需要者の傾向ですが、マレーシアの事例を見てみると、融資額の半数以上は住宅・不動産ローンや自動車ローン、教育ローンなど、個人・家計の生活向上に資する用途に充てられています。

　ここから、政府や企業の余剰資金をムスリムの生活水準向上に用いることができるよう資金循環を行うのが、イスラーム金融の経済的役割だと見なすことができます。

ハラール食品産業の特徴は何ですか?

イスラームに即した食品や飲料を提供しています。

ハラール食品とは、イスラームの教義に基づき飲食できない食材や、使用が認められない器具などを製造プロセスから排除した食品や飲料を指します。

●ハラール食品の考え方

　イスラームの教義に基づき、飲食できない食材の典型例は、アルコールやブタ由来の成分です。これらは食材としての使用が許されていないだけではなく、認証団体によってはアルコール消毒やブタの毛で作られた刷毛の使用も禁じられています。

　また、本来は食用可能であるウシやヤギ、ニワトリであっても、イスラーム式の屠畜処理がなされなければ口にできません。ほかにも、捕食性の哺乳類や鳥類、有毒な植物などは、飲食が禁じられています。さらに、食品添加物の過剰な使用も禁じられることがあります。

　食品の中に上記の適切ではない食材を含まないことで、初めてムスリムが食べても問題がない食品となります。そして、「含まれていないこと」を客観的に証明する制度が、ハラール認証制度です。元来、このような制度は消

費者にとっても生産者にとっても必須ではないのですが、①食をめぐる科学技術の高度化、②非イスラーム諸国からの食品の輸入拡大、などを背景として、食材や調味料がハラールであるか一般的なムスリム消費者にとっては見た目で判断できなくなりました。またその一方で、③ムスリムによる非イスラーム諸国への旅行の人気、なども顕在化してきました。こうした事情により、消費者の代わりに調査・確認を行う役割を担うハラール認証制度が生まれました。

●ハラール食品産業

　ハラール食品産業には、多くの産業分野が関与しています。食材に関しては農林水産業や畜産業が根幹となりますし、最終製品については食品製造業や飲食業、宅配などのケータリング業が関与します。

　ハラール食品を生産している企業に関しては、イスラーム諸国の企業はもちろん、非イスラーム諸国の企業の進出も顕著です。たとえば食品製造業大手のネスレ（本社：スイス）は、ハラールの原材料の調達が容易なマレーシアでハラール食品を製造し、イスラーム諸国に輸出しています。また、食肉の輸出国である南米のブラジルは、ムスリムによる屠畜を実施することでイスラーム諸国への輸出を図っています。

　日本企業の場合は、両方の傾向が見て取れます。すなわち味の素、日本食研、キユーピー、大塚製薬といった大手企業は、東南アジアに現地工場を設置し、東南アジアや中東向けに輸出を行っています。一方、地方都市の中小企業においては、当地の特産品を活用したハラール食品を国内工場で開発・製造し、日本の認証団体から認証を取得した上で、同じくイスラーム諸国に輸出を行っています（Q38）。

　ムスリム消費者が接する最終製品がハラールであるかどうかは、工場や厨房での製造プロセスとともに、使用している食材の適切性に大きく左右され

ます。そのため、食品メーカーや飲食店がハラールであることを保障するためには、食材や製品を運ぶ運輸業、販売する小売業、食品に使用する食器やカトラリー（ナイフやスプーン、あるいは箸など）、食品を包むパッケージングも、広い意味でハラール食品関連産業といえるでしょう。

　ハラール食品にとっては、原材料から製造過程、最終製品までのトレーサビリティー（追跡可能性）が重要になってきます。このことを確保するため、マレーシアでは運輸業、倉庫業、小売業に対するハラール認証基準を設けています。具体的な基準としては、運送業者はハラール食品専用のトラックを使用しなければなりません。ハラールとハラムのものを同時に運ぶことを禁じるだけでなく、1台でハラール用とノン・ハラール用の業務の兼用も禁じています。この点は、調理器具や食器などの兼用禁止と同じ発想です。同様に倉庫や小売店の店頭においても、ハラール食品の保存・陳列時には、ノン・ハラールのものと物理的に隔離することを求めています。

　ハラール食品の製造から消費までの一連のプロセスに携わる業者ごとにハラール認証基準に準拠していることが確認できて初めて、最終商品がハラールであるといえるようになります。

●ハラール食品市場の規模

　世界のハラール食品市場の規模は130兆円で、イスラーム金融市場よりは小さいものの、世界の食品市場に占めるハラール食品のシェア率は17%と高い数字を示しています。これは、イスラーム金融の1.27%よりもはるかに高いもので、ハラール食品産業は、ムスリムに広く親しまれている産業といえるでしょう。

　またハラール食品は、ヴェールのようなファッションや、メッカの方向がわかるアプリなどとは異なり、ムスリムではない消費者からの需要も見込めます。イスラームに準拠していることよりも、添加物の少ない健康志向やア

図表 4-2　ハラール認証にもとづくプロセス

動物
- ・ウシ、ヤギ、ヒツジ、ニワトリなどハラムではない家禽
- ・ナジスを餌として与えられていない

↓

処理
- ・ハラールである家禽の解体・処理は、ムスリムがアッラーの名を唱えながら行う
- ・放血、スタンガンの使用など、イスラームの規定と動物愛護の精神を遵守する
- ・解体・処理の道具は、ハラールの動物とそうでない動物とで区別する（兼用不可）

↓

原材料
- ・適切に処理されたハラールの動物の家禽の肉
- ・ハラールであり認証を取得する必要のないもの：未加工の野菜・果物、魚介類、キノコ類、水など
- ・ハラール認証を取得している調味料、加工食品など

↓

梱包
運搬
保管
- ・ハラールであるものから作られた梱包材を使用して梱包する
- ・ハラール食品専用のトラックや貨物車を使用して運搬する
- ・ハラールではないものと物理的に遮断して保管する

↓

調理
- ・上記の原材料のみを使用する
- ・調理場、調理器具、食器、カトラリーはハラール専用とし、ノンハラールの料理とは兼用しない

↓

販売
- ・ハラールではない商品と物理的に隔てて陳列する
- ・イスラームに反する商品名、広告、パッケージ・デザインは避ける

↓

消費者

出典：各資料をもとに筆者作成

ルコール・フリーの食品であることを強調すれば、市場が拡大する余地はあると見られます。

　ハラール食品の消費額の上位5カ国を見てみると、インドネシア（18兆円）、トルコ（13兆円）、パキスタン（12兆円）、エジプト（9兆円）、バングラデシュ（7兆円）の順となっており、ムスリム人口の多い国が上位にくる傾向にあります。

ムスリム観光産業の特徴は何ですか？

観光客が旅行している間、ずっとムスリム対応したサービスを提供し続けているのが特徴です。

ムスリム観光客に対して何らかの商品やサービスを提供する産業を、ムスリム観光産業と呼ぶことができます。事業者や研究者によっては、「イスラーム・ツーリズム」や「ハラール・ツーリズム」「ムスリム・フレンドリー・ツーリズム」などの名称を使用することもあります。
しかし、観光客がムスリムであることと、それを受け入れるホスト側がムスリム対応を整備する、という意味ではいずれも同じ意味の用語だといえます。

●ムスリム観光産業の構成

　観光産業には、飲食業やホテル業、輸送業など、さまざまな産業が密接に関係しています。そしてその産業や企業は、必ずしも観光客だけを相手にしているわけではありません。
　たとえば電車やホテルは、観光客が利用するという意味では観光産業の一部ですが、観光以外の利用者も多いといえるでしょう。そのため、総務省の

日本標準産業分類には「観光産業」という独立した項目はなく、各産業の中から観光目的の消費のみを抽出して積算し、観光産業の市場規模を計算しています。

　このことはまた、ハラール産業にとっても同様です。たとえば、ムスリム対応している飲食店はハラール食品産業に属しますが、同時にムスリム観光産業にも属しているということができるでしょう。

　一方、ムスリム観光客の視点から見れば、観光に利用する企業や産業はすべて、ムスリム観光産業ということになります。

●ムスリム観光市場の規模

　さまざまな産業から成り立っているムスリム観光産業ですが、その市場規模は16兆円と、世界の旅行市場の11％程度のシェアを占めています。これはアメリカの旅行市場（16兆円）にほぼ匹敵するものです。国別に見てみると、ムスリム旅行者が訪問し最も消費する国がサウジアラビア（2兆円）で、以下UAE(1.5兆円)、クウェート（1兆円）、カタール（1兆円）などが続きます。

　これを地域別で見てみると、湾岸諸国（6兆円）、湾岸諸国以外の中東・北アフリカ諸国（2.5兆円）、日本を含めた東アジア諸国（2.2兆円）の順となっています。

　他方、「グローバル・ムスリム・トラベル・インデックス2017」では、ムスリムにとって適切な観光地として安全性や健全性、ムスリム対応の充実度を数値化して、ランキングを公表しています（Q5の図表1-5）。これによれば、イスラム協力機構（OIC）加盟国のうちムスリム観光客に適切な国の上位5カ国は、①マレーシア、②アラブ首長国連邦、③インドネシア、④トルコ、⑤サウジアラビア、非加盟国の上位5カ国は、①シンガポール、②タイ、③イギリス、④南アフリカ、⑤香港、となっています。

メディア・娯楽産業の特徴は何ですか？

イスラームに関する情報提供を行う
メディア、ウェブサイト、アプリなどの
運営・制作です。

IT技術の発展は、ムスリムの生活にも影響を与えています。中でも近年、イスラームの実践に役立つスマートフォンやタブレット端末用のアプリが次々と登場しています。

●イスラームとIT

　イスラームが行う「1日5回の礼拝」をサポートするアプリは、スマートフォンを起動すると礼拝の時間とメッカの方向を教えてくれます。スマートフォンが持つGPS機能を活用することで現在地と方位がわかると同時に、インターネットを通じて各地の礼拝時間をまとめたデータベースにアクセスするので、どこにいてもメッカの方向と礼拝の時間がわかる仕組みです。

　従来は、メッカの方向を知るにはキブラ・コンパスと呼ばれる専用の方位磁針が必要でした。また、礼拝時間は、日の出、日の入りの刻限が各地で異なるため、初めての土地で正確な時間を知るには、地元の新聞に掲載されている情報に頼らざるをえませんでした。

　一方、スマートフォンなどで食品のバーコードを読み取ると、その食品が

ハラールであるかどうかを教えてくれるアプリもあります。これは、バーコードに記された商品情報を読み取り、インターネットを介してデータベースを検索、ハラール認証等の情報を表示します。ほかにも、GPS 機能と地図情報を組み合わせて、最寄りのモスクや礼拝スペース、ムスリム対応の飲食店を教えてくれるアプリもあります。

　ウェブサイトも、ムスリムの生活のために役立つものが増えています。ムスリム対応の飲食店やホテルの口コミサイト、クルアーンやハディース、ファトワー（イスラーム法学者による法学裁定）の検索サイト、ハラール食品やファッションなどの通販サイト、あるいは検索結果やコンテンツに連動したハラール産業の広告を専門に扱う企業なども登場しています。

●市場規模と注意点

　これらの商品・サービスはメディア・娯楽産業と呼ばれており、世界でおよそ 21 兆円の規模があると見積もられています。

　アプリやウェブサイト、各種コンテンツはインターネットを通じて世界中に発信されますが、ムスリム消費者を念頭に置く場合、一つ注意する点があります。それは、一部のイスラーム諸国が、情報統制の一環としてインターネットへのアクセスを制限していることです。情勢が不安定な国ほど、インターネットを通じての情報取得や連絡のやりとりに支障を生じる可能性を、常に念頭に置いておくべきでしょう。

　なお、2016 年に登場した人気ゲームアプリ『ポケモン GO』に対し、マレーシアなどのイスラーム法学者からは「利用者の安全性が確保されていない」などとして、「ムスリムの使用を禁止すべきだ」との声が上がりました。

　この分野での商品開発には、ムスリム利用者のニーズの掘り起こしもさることながら、イスラームの教義に反さないかどうかを確認する慎重さも必要でしょう。

Q35 ファッション産業の特徴は何ですか？

イスラームの教義や地域の特性を反映した衣服を提供しています。

イスラームと聞いて多くの日本人がイメージするものの一つが、スカーフやヴェールで髪や顔を覆う女性の姿でしょう。これらのファッションも、「美しい部分をヴェールで隠す」というイスラームの教義に基づく産業です。

● **ファッションの考え方**

聖典クルアーンには「外に現れるもののほかは、彼女らの美を現してはならぬ。それから、ヴェールをその胸の上にたれよ」［クルアーン 24:31］とあり、美しい部分をヴェールで隠すことが求められています。ただ問題なのは、身体のどの部位が隠すべき部分（アウラ）なのか、具体的な記述がクルアーンには記載されていません。一般的には、体や腕、脚、髪、耳、首筋などが隠すべき部分に該当すると理解されていますが、法学派によっては顔も隠すべきだとする解釈もあります。このような違いが、服装の形状の違いとなって現れるわけです。

法学派ごとのイスラーム法の解釈の違い以外にも、世界中のムスリム女性のファッションに違いを生む要因が存在します。それは気候の違いや、西洋

文化との接触の頻度や受容の程度の違い、あるいはイスラーム普及以前の文化の内容とその残存の具合の違いなどです。

また、ファッションゆえ、同じ国・地域でも、世代間での好みの違いやTPOに応じた違い、あるいは、年ごとの流行があるのは当然です。形状、素材、色合い、柄などのバリエーションは多様を極めます。また、ヴェールの着用率も、各地のイスラームの実践の程度や個々人の信仰のあり方、また政府による義務化の有無によっても異なります。

●生産国はイスラーム諸国だけではない！？

ムスリムのファッション産業の市場規模は、およそ28兆円です。消費額上位3カ国はトルコ（2.9兆円）、UAE（2.1兆円）、ナイジェリア（1.7兆円）の順となっています。ムスリム人口が多いか、あるいは物価水準や所得水準が高い国が上位にきていることがわかります。

他方、生産額上位3カ国は中国（3.3兆円）、インド（0.5兆円）、トルコ（0.3兆円）です。ムスリム向けのファッションの供給国は、必ずしもイスラーム諸国というわけではないことがわかります。

日本でもこの分野に参入する企業が増加しています。ユニクロ（ファストリテーリング社）は、マレーシアやシンガポールなど東南アジアを含めた海外展開を2000年代より積極的に行っていますが、イスラーム関連では、イギリスのデザイナー、ハナ・タジマによるヒジャブ（ヴェール）を扱っています。2016年からは、日本国内の一部店舗でも取り扱いを開始しました。外国人ムスリム観光客が日本でムスリム向けファッションを購入していく姿を目にすることは、今後珍しいことではなくなるかもしれません。

もちろん、イスラーム諸国の旅行を計画している日本人が、海外のモスクを訪問した際にはヴェールの着用が必要なので、あらかじめ国内で購入しておくことも必要かもしれませんね。

医薬品・化粧品産業の特徴は何ですか？

ハラール食品産業と同様に、使用できない原料が存在します。

医薬品や化粧品を口に入れたり肌につけたりする場合、ハラール食品と同じように、使用が認められない原料などが存在します。その一方で、アルコールの使用が認められるケースや、浸水性の高いマニキュアの開発など、独自の課題などがあります。

●医薬品産業の考え方と市場規模

　ハディースによれば、健康によい行為として、カッピング（吸い玉）療法（ガラス容器にアルコール類を入れて燃やし、皮膚に吸いつかせる療法のこと）、ハチミツを飲むこと、およびナイフによる焼灼（熱したナイフで患部を焼くこと）が挙げられています。もっとも、現在のイスラーム諸国では、民間治療に代わって現代医療が主流となり、イスラーム諸国の中には外国人富裕層のための医療ツーリズムに力を入れ、欧米に匹敵する最先端の医療設備を整えている国もあります。

　ムスリムに適した医薬品とは、ハラール食品と同様、アルコールやブタに由来する成分を含んでいないものを指します。その典型例がカプセル剤です。散剤（粉薬）、顆粒剤、液剤を充填するためのカプセル剤はゼラチンを

原材料としていますが、ブタ由来のゼラチンは不適切であるとして、代わりにウシやその他の動物に由来するものが使用されます。

　ハラールである医薬品の市場規模は、約9兆円にのります。主要な消費市場はトルコ（1兆円）、サウジアラビア（0.7兆円）、アメリカ（0.7兆円）となっています。他方、主要生産国はフランス（0.6兆円）、ドイツ（0.5兆円）、イギリス（0.2兆円）で、西側先進国が上位を占めています。

●化粧品産業の考え方と市場規模

　化粧品では、アルコールをめぐってハラール食品とは異なる扱いがなされています。香水の場合、揮発と防腐のためにアルコールが使用されますが飲用ではないため、ハラール認証団体によっては認めています。もちろん、アルコールを使用しない香水もあり、皮膚が弱かったりアルコール臭を嫌う欧米の人びとからも支持されています。

　化粧品に関しては独自の問題も存在します。イスラームでは、礼拝に際しては、事前に手足を水で洗い清めていないと無効となります。そこで問題となるのは、撥水性の高いマニキュアを塗った状態では手を洗っても礼拝は無効になるという点です。マニキュアが水をはじいてしまうと、爪を清めたことにならないからです。これを避けるためには、清めの前にマニキュアを落とし、礼拝後に塗り直さざるをえず、たいへんな手間がかかってしまいます。そこで現在、浸透性が高いとされるマニキュアが開発され、ムスリム女性の間で話題になっています。

　ムスリム向け化粧品の市場規模は、医薬品よりもやや小さい6兆円で、商品別の構成比率を見ると、最も比率が高いのがスキンケア商品で27%、これに口紅などのメイクアップ商品とヘアケア商品が20%ずつ、続く香水が10%、そして歯磨き粉、制汗剤、日焼け止めなどを含めた「その他」が23%となっています。中東・北アフリカの日差しが強い砂漠の国でスキンケア商品が売れているが、興味深い点といえるでしょう。

Q37 イスラーム諸国における ハラール産業の現状は？

ハラール産業は、ムスリム消費者の保護から始まり、今では雇用確保や輸出を目指す経済活性化の重要な産業となっています。

マレーシアでは、ムスリムの消費者保護のために、1974年にハラール認証制度が始まりました。その後、①国内の雇用の確保、②中東への輸出産業の育成、を目標として、ハラール産業の活性化政策が採られるようになりました。

●自国民の保護から始ったハラール認証制度

　現在のハラール産業の原点は、マレーシアの首相府イスラーム問題局リサーチ・センターがハラール認証制度を1974年に開始したことにさかのぼります。ハラール認証制度が開始されたそもそものきっかけは、輸入食品の中にイスラームに適さない原材料を使用したものが含まれることについて、ムスリム国民の「食の安心」が侵されるのを政府が危惧したためです。その問題を解決するために、輸入食料品を対象とするハラール認証制度が誕生しました。

　他のイスラーム諸国とは異なり、マレーシアでは政府によって認証制度が行われているのは、もともとマレー半島各地には、イスラームの守護者であ

るスルタンを首長とする王国が存在しました。そしてイギリスの植民地を経て1957年に独立した際、それらの王国がそれぞれの州となり、スルタン制度も維持されました。その結果マレーシアでは、イスラームは州や国によって管轄されるものとして認識されており、ハラール認証制度もイスラーム行政の一環として、国が運営しています。

そしてハラール産業は、1980年代以降、食品だけでなくさまざまな分野へと拡大していきました。たとえば金融分野では1983年にイスラーム銀行、1984年にタカフル保険会社が創業、1990年にはマレーシア・シェル社によって初めてスクーク（イスラム債券）が起債されました。

●産業育成の起爆剤としてのハラール産業

その後1990年代後半には、マレーシア政府の方針は転換を迎えました。すなわち、1996年の「第二次工業化マスタープラン」と1998年の「第三次国家農業政策大綱」という二つの長期経済開発プランが策定され、ハラール産業の育成が推進されるようになりました。特に外国食品企業を誘致することで、①国内の雇用の確保、②近隣諸国や中東への輸出産業の育成、を目指しています。具体的には、政府が専用の工業団地（ハラール・パーク）を整備し、進出企業の税制優遇策を講じるなど、積極的な誘致活動を行っています。

2000年代以降は、分野の拡大とともに認証制度の充実が図られました。具体的には、科学技術革新省基準局の下で、ハラール食品を対象とする「MS1500」（2000年）という認証基準をはじめ、化粧品・衛生品、医薬品、物流、観光など産業・商品ごとの認証基準が整備されました。

このように、イスラーム諸国の一国であるマレーシアにとってのハラール産業とその商品・サービスは、当初はムスリム消費者を守る方法として始まったわけですが、その後、雇用を確保し輸出を通じて外貨を獲得する、国内経済にとって重要な存在に変化していきました。

Q38 非イスラーム諸国における ハラール産業の現状は？

新しいビジネス・チャンスです。
製造・販売拠点の立地が課題です。

ピュー・リサーチ・センターのレポートによれば、2010 年の世界の総人口が 53 億人であるのに対し、ムスリム人口はその 23.4% にあたる約 16 億人でした。これが 2030 年になると、6 億人増加して 22 億人となり、人口比も 26.4% に高まると予想されています。ハラール産業の主たる顧客はムスリムですので、ムスリム人口の増加は同産業にとって市場拡大に繋がります。したがって、非イスラーム諸国の企業においても、ハラール産業が新しい成長ビジネスとして期待されています。

●企業と消費者の距離

中東や東南アジアなどのイスラーム諸国と、欧米や東アジアなどの非イスラーム諸国の国内のムスリム人口比率を比べてみると、前者が高く後者が低い状況にあります。たとえばヨーロッパの場合、ムスリム移民が増加しているものの、総人口に対するムスリム人口比率は、フランスが 7〜9% 程度、イギリスが 4.4%、ドイツでは 3.7% ほどで、中東や東南アジアのイスラーム諸国に比べて低い水準にあります。

日本においても、ムスリム人口は 10 〜 20 万人ほどで、総人口比の 1% 以下にとどまってしまいます。しかし、外国人ムスリム観光客については約 78 万人もの人が訪日してるのが現状です。

　こうした状況を勘案すると、非イスラーム諸国の企業にとって、①国内のムスリム人口は少ない、②外国人ムスリム観光客のポテンシャルは高い、という現実を見すえたビジネス戦略が必要となってきます。

●製造拠点は国内に作るか？　国外に作るか？

　ムスリム対応を行う飲食店やホテルなど国内サービス業の場合、国内在住ムスリムよりも外国人ムスリム観光客への対応が中心となります。したがって、観光客の増加こそが、国内サービス産業市場の拡大のカギを握っているといえるでしょう。

　他方、ハラール食品や医薬品、化粧品、ファッションなど製造業は、イスラーム諸国への輸出が中心となりますが、外国人ムスリム観光客が増加すれば、国内での消費増加も期待できます。その際に、製造拠点を国内外のどちらに設けるのかが重要となります。スイスの食品・飲料メーカーであるネスレのように、マレーシアに工場を設け、ハラールである原材料の入手やハラール認証機関からの認証取得を目指す企業もあれば、本国の工場にて製品を製造し、本国の認証団体からハラール認証を取得した後に、イスラーム諸国に輸出する企業もあります。

　アプリやウェブサイトのような情報産業は、インターネットやパソコンを経由しての情報提供が主となりますので、製造・販売拠点の設置場所や、企業とムスリム消費者との物理的な距離といった立地要因は、それほど重要ではありません。ただしイスラーム諸国の中には、情報統制の一環として突然インターネットの接続を遮断することもあるため、非イスラーム諸国の企業のビジネスに大きな支障が生じる可能性もあります。

Q39 ムスリム対応を行う場合、日本ではどのように対応していくべきですか？

個別事業者の努力と地域振興がかみ合った対策が必要です。

ムスリム対応を行う主体とは、食品や化粧品などのメーカー、これら商品を扱う小売店、あるいは飲食店やホテルといったサービス業などを行う事業者です。ビジネスとしてムスリム対応が行われる以上、そこでは利益を上げることが目標となります。ただ、個別企業による努力のみでは限界があるため、地域で連携を高める必要があるでしょう。

●ムスリム観光客にとって魅力的な観光地とは？

　ムスリム対応を検討している事業者にとって、ムスリム顧客から利益を上げることがその導入の目的です。具体的に「コストがどのくらいかかるのか」「かけたコスト以上に売上が増加するのか」という点に関心を持つのは、企業としては当然なことだといえるでしょう。

　しかしながら、ムスリムである外国人観光客を主要顧客と想定するならば、個別の小売店や飲食店、ホテルの努力だけは限界があります。「街で唯一のハラール・レストラン」「観光地で1カ所だけの礼拝スペース」では、ムスリムを独占できるかもしれませんが、ムスリム観光客にとってはたいへ

ん不便な観光地といえるでしょう。そして、イスラームを実践するには不便な地域であると認識されれば、観光ルートから外されてしまいます。したがって、各事業者による対応もさることながら、ムスリムにとって魅力的な土地となるような地域づくりという対応も重要だといえます。

●事業者と地域社会との連携が重要

　外国人ムスリム観光客の誘客には、地域による一致団結した取り組みが重要です。たとえば飲食店であれば、ムスリム対応をした店が地域に一軒だけでなく、バリエーション豊かなさまざまな店舗を揃えることが大切です。和食、洋食、インドカレー、アラブ料理など、さまざまな種類のおいしい食事を提供すれば、ムスリム観光客も食事を楽しむことができるからです。飲食店同士でムスリム観光客を奪い合うのではなく、地域として多様性を持つことが誘客要因となるのです。

　飲食店や土産物店、ホテルなど、ムスリムに必要な商品・サービスを提供する事業者による地域の産業クラスター化が進むことで、相乗効果を期待することができます。

　地域として外国人ムスリム観光客の誘客を行うには、中心となる旗振り役が必要です。地域の業者を中心とする商工会議所や観光協会、あるいは行政である市町村役場などが、観光振興や地域振興の一環としてムスリムの誘客を主導していく役割を担うことが期待されます。

　ムスリム対応の実施は事業者にとってはビジネスの一環であり営利事業ですが、個々の事業者の取り組みを地域として産業クラスター化するのは地域政策としてとらえる必要があります。また、この点において行政の役割は、とても重要なものだといえるでしょう。民と官とがそれぞれの目的と利益のために有機的に結びつくことが、結果的にムスリムにとっての魅力的な地域づくりに結実するはずです。

第 2 部
外国人ムスリム観光客への
おもてなし

第5章

ムスリム対応の先進的な取り組み

日本政府は観光立国化に向けてどのような取り組みを行っていますか？

ビジット・ジャパン事業が、
2003年から始まりました。

2002年に開催されたサッカー・ワールド・カップ。その際に外国人観光客の受け入れを経験した日本は、翌2003年3月に、外国人観光客のさらなる受け入れを目指すビジット・ジャパン事業を開始しました。特に『観光白書』（2003年3月）では、訪日外国人の倍増という数値目標が掲げられました。以来日本は、観光立国化に向けて大きく舵を切りました。

●ビジット・ジャパン事業の背景と経緯

　日本がビジット・ジャパン事業を通じて、観光立国化と外国人観光客の増加を目指す背景には、①人口減少による国内消費市場の縮小への対策、②観光産業における雇用創出、③3兆円以上の大幅赤字となっている国際旅行収支[1]の改善、④日本の対外イメージの改善・向上、⑤多文化共生社会の実現、などの目的があります。

　観光立国化の中核となる観光立国推進基本法が、2005年に可決・成立し

1　外国人観光客による日本での消費額から日本人観光客による海外での消費額を引いたもの。赤字は、日本の資金が海外へ流出することを意味します。国際収支の一部。

図表 5-1　ビジット・ジャパン事業の取り組み

事業名	対象者	取り組み
現地消費者向け事業	海外の消費者、広告・メディア、PRイベント会社	海外広告宣伝、海外メディア招請、イベント出展・開催
現地旅行会社向け事業	海外の旅行会社	海外旅行会社招請、イベント出展・開催
在外公館等連携事業	JETRO、国際交流基金、自治体国際化協会、など	イベント出展・開催
官民連携事業	海外にネットワークを持つ企業	訪日キャンペーン、プロモーションなど
地方連携事業	地方自治体、観光関係団体、民間企業	旅行会社招請、メディア招請、イベント出展等

出典：観光庁の資料をもとに筆者作成

ました。同法は、従来の観光基本法を全面改正したもので、外国人の誘客を想定した国際競争力のある観光地の創出とそのための国の役割などが定められました。

また、2008年には観光庁が設置され、観光立国のための司令塔となる役割をはたしています。法律の整備と実行組織の設立により、日本の観光立国化の体制が本格的に整ったといえます。

●ビジット・ジャパン事業の内容と成果

ビジット・ジャパン事業は、政府が観光立国化に向けて取り組む五つの事業、すなわち、①現地消費者向け事業、②現地旅行会社向け事業、③在外公館等連携事業、④官民連携事業、⑤地方連携事業、から成り立っています。これらをまとめたのが図表5-1です。

国外にあっては現地のメディアや旅行会社、および日本大使館などの在外公館への働きかけを通じて外国人を誘客する一方、国内では受け入れ態勢が整うよう、官と民、および中央と地方との協働が行われています。

同事業開始前の2002年には訪日外国人は521万人でしたが、小泉純一郎政権は2010年までに1,000万人に倍増させると目標を掲げました。残念ながら2009年の新型インフルエンザの流行と2011年の東日本大震災の発生により、目標の達成は3年遅れの2013年でした。

　その後は継続的なキャンペーンが奏功し、2015年には1,974万人となり、1,000万人達成からわずか2年で倍増（2011年に比べ3倍増）を達成しました。2,000万人という数字は、観光庁が発足した2008年時点で2020年までに達成する目標としていたため、5年前倒しで実現できたことになります。

　そこで政府は2016年3月に「明日の日本を支える観光ビジョン」を策定し、この中で東京五輪の開催年である2020年には4,000万人、2030年には日本の人口の半分に相当する6,000万人の誘客を目標に掲げています。

●日本は世界で16位、アジアで5位の外国人観光客の受入国

　観光庁の資料によれば、2016年に日本を訪れた外国人観光客は2,404万人で、世界16位、東・東南アジア5位に位置づけられます。フランス（8,260万人）、アメリカ（7,747万人）、スペイン（7,557万人）、中国（5,927万人）、イタリア（5,237万人）の5カ国は、日本の2倍以上の観光客の受け入れています。日本も、2040年までに、これらの国々と比肩する外国人観光客の受け入れを目指していることになるわけです。

　東・東南アジア域内の順位では、日本は上述の中国、タイ（3,259万人）、マレーシア（2,676万人）、香港（2,655万人）、に次いで第5位となっています。

　日本とほぼ同規模の国としては、上述のマレーシアと香港に加えて、ギリシャ（2,478万人）とロシア（2,455万人）が挙げられます。外国人観光客のさらなる上積みをねらう日本としては、これらのライバル国との差別化を積極的に図っていく必要があるといえます。

Q41 日本の観光立国化の中で、どこの国の外国人ムスリム観光客がターゲットになっていますか？

東南アジアとインドの外国人ムスリム観光客がターゲットになっています。

日本において外国人ムスリム観光客として想定されるのは、主に東南アジア出身者です。現在、日本では、東アジアからの観光客が集中しているのが現状ですが、これを改めるため、東南アジアからの誘客を目指しています。具体的な施策としては、ビザ発給要件の緩和などが進められています。

●東南アジアとインドからのムスリム観光客の誘致

　2003年より開始されたビジット・ジャパン事業では、まず中国、韓国、香港、台湾、アメリカを重点市場に位置づけ、積極的なプロモーション活動を展開してきました。その後、対象となる国を順次拡大していき、2017年現在で20市場にのぼっています。この中には、フィリピン、インドネシア、マレーシア、シンガポール、タイ、ベトナムの東南アジアの6カ国とインドが含まれます。他方、中東や北アフリカのイスラーム諸国はいずれも、重点市場の指定を受けていません。図表5-2は、重点市場のうち上記7カ国のムスリム人口を表していますが、日本を訪れる主要な外国人ムスリムは、東南アジアのインドネシアやマレーシア、およびインド出身者が中心といえます。

図表 5-2 重点市場 7 カ国のムスリム人口

	ムスリム人口（人）	総人口に占める割合（％）
インド	1 億 7,729 万	14.6
インドネシア	2 億 0,485 万	88.1
マレーシア	1,714 万	61.4
フィリピン	474 万	5.1
タイ	395 万	5.8
シンガポール	72 万	14.9
ベトナム	16 万	0.2

出典：Pew Research Center (2011)
"The Future of the Global Muslim Population: Projections for 2010-2030"

　ビジット・ジャパン事業のうち、東南アジアの重点市場からの観光客数増加に大きな影響を与えているのが、ビザ発給の規制緩和です。これらの地域の国籍保有者に対して日本政府は、従来は資産や所得の証明、日本側の身元保証人、復路の航空便・船便のチケット、行動予定表など、さまざまな書類の提出を求めていました。外国人が日本に観光目的で入国した後に不法残留者となることを、政府が警戒していたための措置でした。しかしながら政府は観光客の増加を目的として、以前からビザ免除措置国であったシンガポールを除く東南アジア 5 カ国は 2013 年 7 月より、インドは 2016 年 2 月より、段階的にビザ発給要件を緩和（国によって内容は異なる）しています。

●観光客の多様化とリスク分散

　訪日外国人観光客の主流である東アジア諸国からの観光客は、全体の 72％てあるのに対し、東南アジアとインドからの観光客は 11％ ほどです。日本が東南アジアからの観光客誘致に力を入れるのは、観光客の多様化とリスク分散を目指しているからです。リスク分散のためにも、領土問題といった外交上の懸念が小さく対日感情が良好な東南アジア諸国に期待が集まっています。この一環として、ムスリム観光客への対応が急がれています。

Q42 日本は東南アジアでどのような誘客活動を行っていますか？

イベントへの出展やパンフレットの作成など積極的にプロモーションを行っています。

日本では、ムスリムを含めた外国人観光客の積極的な誘致活動が、20の重点市場を中心として積極的に行われています。このうちマレーシアとシンガポールの事例を見てみましょう。

●MATTA フェア

　マレーシアで開催される旅行産業最大のイベントが、首都クアラルンプールのプトラ世界貿易センターで年に2回開催される MATTA フェアです。MATTA フェアは 1991 年に始まり、毎回 10 万人前後が会場に足を運ぶ官民共同のイベントです。

　「ツーリズム EXPO ジャパン」に似ていますが、最大の違いはツーリズム EXPO ジャパンではパンフレットや試供品、プレゼントの配布などを通じて顧客に情報提供が行われる見本市であるのに対し、MATTA フェアでは会場でパッケージ・ツアーや、飛行機やバスなどのチケット等が通常よりも安く購入できる、いわば展示即売会の側面が強いイベントである点です。

　実際、2016 年 3 月に 3 日間の日程で開催された第 41 回では、約 11 万 3,000 人が来場し、2 億リンギ（約 50 億円）の売上がありました。

マレーシアで開催されている
旅行イベントMATTAフェア

　MATTAフェアでは、毎回一つの国を特集して取り上げるのですが、2013年3月の第35回では日本が選ばれました。おりしもマレーシア国籍保有者に対するビザ免除が同年7月に始まりましたが、これに先鞭をつける格好となりました。

　日本政府観光局を中心とする日本パビリオンは、各地の観光協会や企業、ハラール認証団体など10団体によって構成されましたが、出展団体はその後も増加し、2016年9月には自治体を中心に誘客に熱心な20団体が参加しました。

2017年のMATTAフェアでの日系企業のブース

●日本政府観光局の取り組み

　東南アジアにある五つの日本政府観光局の事務所のうち、シンガポール事務所では、外国人ムスリム観光客向けのウェブサイト（http://www.jnto.org.sg/for_muslim_visitors.html）を設けています。このページには、日本にある①ハラールである食品・食材を扱う小売店、②ムスリム対応の飲食店、③モスクの情報（名称、住所、電話番号など）、を提供しています。

　また、『ムスリム訪問客のための日本旅行ガイド』という英語のガイドブックを、サイト上で配布しています。23ページのガイドブックには、一般的な日本の観光情報とともに、上記の一覧も掲載されており、外国人ムスリム観光客にとって使い勝手のよい内容になっています。

Q43 日本の観光地においてイスラームとビジネスはどのように結びつくのですか？

飲食店、宿泊施設、観光施設などで、ムスリム対応が必要となります。

ムスリムが客として訪れる際、事業者側がイスラーム実践のための対応を取ることで、新しいビジネスの可能性が広がります。その際中心的役割を果たすと期待されるのが、「ハラールの飲食物」と「礼拝スペース」の提供です。

● 「ハラールの飲食物」と「礼拝スペース」の提供が重要

　Q33で触れたように、外国人ムスリム観光客が日本で消費・利用しうる商品・サービス提供する産業には、ホテル・旅館、飲食業、土産物関連の製造業、小売業などが含まれます。

　特に飲食物を取り扱う事業者は、飲食店だけでなくホテルやスーパーマーケット、土産物店など多岐にわたります。飲食物以外にも、ホテルで提供される各種サービスや化粧品、ファッション商品なども、イスラームに関連する産業となります。

　また、レジャー施設や、空港・駅などの交通機関の関連施設、ショッピングモール・百貨店といった商業施設など、ムスリムが立ち寄ることが多い場所では、ムスリムのための礼拝スペースの提供が必要です。

礼拝を行うための場所と手足を清めるための水道施設は、ベンチやトイレと同じように基本的に無料で提供されるものなので、用意する事業者側にとっては、コスト増にしか見えないかもしれません。しかし、礼拝施設は日本国内ではまだ数が少ないため、外国人ムスリム観光客に「礼拝のついでに買い物をしていこう」と思わせる誘客手段として利用することができるので、顧客拡大には有利なインフラです。

　国際空港や大手ショッピングモール、駅を中心に、礼拝所の設置の増加が期待されています。

●ハラール・バリューチェーンの構築が重要

　他方、イスラーム諸国においてはメジャーなハラール産業であっても、日本ではほとんど普及していない商品・サービスがあります。

　たとえば、アルコールやブタ肉をほかの荷物とは分けて運搬する輸送業は、イスラーム諸国では重要なハラール産業ではありますが、日本ではほとんど行われていません。

　またイスラーム金融産業では、タカフル保険による旅行保険やイスラーム銀行を通じての送金は、旅行者にとっては有益となるサービスですが、日本では、そのサービスはまだ提供されていません。

　イスラームの価値観に基づいた産業の繋がりは、ハラール・バリューチェーン（Halal Value Chain）と呼ばれます。ムスリム対応の観光は、関連する産業の密接な価値の繋がりに立脚しています。

　日本では外国人ムスリムの誘客にのみ注目が集まり、イスラーム諸国に比べてハラール・バリューチェーンが欠けています。日本人のイスラームとムスリムへの理解という点から、今後は多様な産業で、イスラームとの繋がりが拡大・深化していくことが期待されます。

Q44 官公庁や地方自治体はどのような取り組みを行っていますか？

A 情報の集約と発信を積極的に行っていますが、ハラール認証は行っていません。

官公庁や地方自治体の一部は、外国人ムスリム観光客への働きかけを行うと同時に、彼ら／彼女らを迎え入れる国内事業者向けの促進事業を実施しています。ただ、市場関係者から要望が強いハラール認証の実施は、憲法との兼ね合いにより距離を置いています。

● **官公庁と地方自治体の取り組み**

　日本政府観光局は、マレーシアの MATTA フェアのような海外の旅行者向けイベントにおいては、事業者や地方自治体を取りまとめて出展を行っています。また、同じく日本政府観光局のシンガポール事務所のウェブサイトでは、『ムスリム訪問客のための日本旅行ガイド』を配布し、日本における利用可能なムスリム向け対応の店舗やモスクを紹介しています。外国人ムスリム観光客向けとしては、ほかにも兵庫県神戸市や東京都台東区がパンフレットを作成しています。

　他方、国内事業者向けには、イスラーム理解やムスリムへの対応方法などの情報提供が中心です。その典型例が、観光庁が 2015 年 8 月に作成した「ム

スリムおもてなしガイドブック」です。これは、レストランやホテルによるムスリム対応とともに、メニュー表や店内での日本語や英語での表記方法も示している全61ページの冊子で、ウェブサイトから入手可能となっています。観光庁以外にも、東京都、札幌市、横浜市、神戸市、千葉市などが同様のものを作成しています。

　観光庁はまた、外国人ムスリム観光客のための環境整備を進めるため、モデル地域を指定する訪日ムスリム外国人旅行者受入環境整備等促進事業を2015年度に実施しました。対象となった①富山県朝日町、新潟県糸魚川市・上越市、長野県小谷村・白馬村・大町市、②岐阜県高山市・白川村、③三重県鳥羽市、の3地域では、イスラーム理解セミナーの開催、ムスリム向け料理教室の実施とレシピ集の作成、ムスリム向けおよび事業者向けのパンフレットの作成などが行われました。

●国や自治体ではハラール認証は行えない

　このように官公庁や地方自治体による事業は、情報の収集や提供が中心で、ハラール認証のような直接的な事業は行っていません。確かに国内のビジネスの現場では、「ハラール認証は、民間団体ではなくマレーシアのように国や地方が責任を持って行うべきだ」との声も聴かれます。

　ただ、ハラール認証のような宗教色の強い事業を行政が行うことに対しては、特定の宗教を特別扱いすることへの不公平感や、憲法が規定する政教分離の原則に抵触する恐れがあるため、実施がためらわれています。そのため各事業は、特定の宗教とその信者への優遇措置としてではなく、「欧米からの観光客への対応」「中国からの観光客への対応」「韓国からの観光客への対応」などと同様、外国人観光客の特性・ニーズに合わせた観光事業の一環として行われます。

Q45 各地域の取り組みにはどのようなものがありますか？

東京都台東区や沖縄県など、外国人ムスリムの誘客に積極的な地域があります。

外国人ムスリム観光客の誘客は、個別の事業者や個人でも可能な取り組みです。ただ、市町村や商店街、あるいは著名な観光スポットとその周辺といった具合に、地域全体での「面」による取り組みの方が、より大きな効果を期待できます。その際、県の行政や商工会議所、観光協会、商店街などの事業者団体、および地元のモスクやムスリム住民などが一丸となった体制づくりが理想的です。このような取り組みに熱心なのが、観光地・浅草と上野を有する東京都台東区や沖縄県です。

●東京都台東区のケース

　東京都台東区は、浅草、アメ横、上野公園など数多くの観光スポットを抱えています。2014年の区の調査によると約526万人の外国人観光客が訪れました。同年の全外国人観光客数がおよそ1,341万人であったため、実に外国人観光客の2.5人に1人が台東区を観光したことになります。そのため台東区では、外国人の誘客の一環としてムスリム対応のためのさまざまな事業を展開しています。

具体的には、①ムスリム・ウェルカム講習会の開催、②ムスリム対応アドバイザーの派遣相談、③「ムスリムおもてなしマップ in 台東区」の作成、④ハラール認証取得助成事業、などが挙げられます。

　たとえばハラール認証取得助成事業は、区内の飲食店がハラール認証を取得する際に最大10万円までの取得費用を助成する制度で、2015年10月にスタートしました。

　「ムスリムおもてなしマップ in 台東区」は、通常の観光スポットや交通機関とともに、ムスリム対応の飲食店や礼拝所、モスクの情報を掲載しています。また、ハラール産業の見本市である「ハラール・エキスポ・ジャパン」は、これまでの幕張メッセから、2016年からは台東区の後援として東京都立産業貿易センター台東館にて開催されています。

●沖縄県のケース

　2015年に沖縄を訪れた外国人観光客は150.1万人。特に、東アジアからの観光客は全国平均よりも高く、84％でした。しかし、東アジアの観光客への依存度が高い分だけリスクも高く、過去には尖閣諸島問題などの外交問題により、強い影響を受けたこともありました。そこで2014年9月、沖縄県物産公社は、県内産品をイスラーム諸国に売り出すため、県内企業などとともに沖縄ハラール協議会を発足させました。

　沖縄県の観光振興を担う沖縄観光コンベンションビューローは、ハラール受け入れ実践セミナーの開催や「OKINAWAムスリム旅行者おもてなしハンドブック」の作成を行うと同時に、ムスリム向けの新メニューの開発と普及を狙った「ムスリムレシピ開発コンテスト」というユニークなイベントを2016年3月に実施しました。地元銀行も、ハラール食品の製造企業に対して積極的に融資を行うなど、地域一体で外国人ムスリム観光客ための環境整備を進めています。

さまざまな業界団体ではどのような取り組みが期待されていますか？

 その業界特有の課題についての情報発信が期待されています。

各業界では、外国人ムスリム観光客に対して大きな関心を寄せています。すでに各種の業界紙や専門誌が、研究者や業界の先駆者へのインタビュー記事などを掲載しています。このようなメディアなどを通じた、各業界における最新動向や業界独自の課題・問題点などの情報発信が、業界団体に期待される役割といえるでしょう。

●業界ごとに違う商品やサービスのあり方

　商品やサービスがムスリム消費者によってどこでどのように消費されるかは、業界によって違うため、関心の内容も当然異なってきます。たとえば、人口減少と少子高齢化による国内市場の縮小・変容が起きている食品業界では、新たなマーケットとして、イスラーム諸国での生産・販売など、アウトバウンドのビジネスが、今後は重視されていくでしょう。

　他方、ホテル・旅館業界では、インバウンド観光における外国人顧客との接し方や、既存観光客とムスリム観光客との比較などに関心が持たれています。

ムスリムを顧客とする商品・サービスを提供する点は共通していても、商品やサービスのあり方、あるいはイスラームとの関係性は、産業ごとに大きく異なります。ただ、イスラームやムスリムへの理解が必要であることは、どの産業にも共通しています。

　もちろん、ムスリムはイスラームの教義に基づいてのみ日常を過ごしているわけではありませんが、ムスリムのために配慮した商品・サービスを扱う以上は、それらへの理解は必須です。

●業界団体の役割

　日本の産業界や各種業界団体の多くは、ハラール産業とムスリム消費者に大きな関心を抱いており、中には東南アジアで市場調査を行ったり、「イスラーム理解セミナー」を開催するケースもあります。ただ、未知の宗教・国・人びとを相手にするため、現状においては慎重な立場をとっている業界も少なくありません。

　しかし一方で、2020年の東京五輪が近づいており、加えて韓国や台湾など同じ東アジアの国々もハラール産業と外国人ムスリム観光客のインバウンド観光に力を入れ始めていることから、各業界とも焦燥感が煽られている側面もあります。

　Q44で触れたように、日本では政府がハラール認証を実施しておらず、日本のハラール認証団体も、現状としては幅広い産業や地域を対象とした包括的な認証は行っていません。

　そこで各業界団体には、業界独自のムスリム対応の基準を導入する主導的立場に立ってもらうことに期待が持たれています。業界基準としてムスリム対応の制度化を図ることにより、全国にあまねくムスリム向けの商品・サービスを普及することが可能となります。そのためには、業界団体の果たす役割が大きく重要であるといえます。

第6章

ムスリム対応の実際

Q&A

ムスリム対応が必要なのはどのようなビジネスですか？

ムスリムと接するすべてのビジネスで必要だといえます。

有償・無償を問わず、外国人観光客を含めたムスリムに対して、何らかの商品やサービスを提供したり便宜を図るよう対応することを「ムスリム対応」と呼ぶとき、「そのような対応を行う必要があるのはどのビジネスなのか」という点が事業者にとっては重要な関心ごとです。外国人ムスリム観光客の日常生活や日本での旅行時の振る舞いがイスラームに基づくかぎり、彼ら／彼女らと接するすべてのビジネス事業者において、ムスリム対応は必要であるといえます。

●飲食に関わるビジネスは多岐にわたる

たとえばムスリム向けのメニューを提供する飲食店であれば、「どのような食材を使用し」「どのように調理する」かが問われます。また、仕入れる食材が肉であれば、屠畜業者による屠畜方法が問題になりますし、調味料であればメーカーが使用している原材料の種類が問題となります。そしてそれらを仕入れる際の物流・運搬方法においても、ムスリム対応が必要となってきます。

このような飲食物の対応は、レストランにかぎらず総菜屋や弁当屋、ケータリングや出前・宅配、さらには旅館・ホテル、企業の研修所や大学の学生寮・学食、入院設備のある病院や介護施設にも当てはまります。
　飲食店の店舗運営においては、ムスリムのための礼拝スペースの確保や男女の客席の配置にも、配慮が必要な場合があります。こうした対応は、飲食店だけではなくショッピングモールや空港、観光スポットなどでも同様です。また、そのような対応が適切に行われているか判断を下す際に、現場担当者はその根拠となるイスラームに関する知識を、修得・理解することが必要となるでしょう。

●現状で必要なことと将来的に必要となること

　ムスリムが、提供される商品・サービスやそれを提供する事業者に対して、イスラームの遵守をどの程度求めるかについては、商品やサービスによって異なりますし、またムスリム個々人によっても差があります。
　また、日本国内で行われているすべてのビジネスに関して、等しくムスリム対応が必要かというと、現状では必ずしもそうとはいいきれません。まずは増加する観光客と直接的に接する機会が多いビジネスや、そうしたビジネスに商品を供給する製造業において対応が必要だと思われます。
　また長期的視野に立てば、留学生や定住者、日本人ムスリムのように日本に居を構えるムスリムを顧客とするビジネス、たとえば医療や住宅・不動産、金融業などにおけるムスリム対応も検討が必要になってくるかもしれません。
　ムスリムに対して何か特別な商品やサービスを提供するほどではないにせよ、接客の現場に携わる者は、「男性は女性に握手を求めない」「食事の際は左手を使わない」など、ちょっとしたエチケットを理解しておくことも大切です。

Q48 「ハラール」「○○フリー」「ムスリム・フレンドリー」といった言葉に違いはありますか？

よく似た表現ですが、使用には注意が必要です。

ムスリム対応がなされた商品・サービスを指す言葉として、「ハラール」以外にも「○○フリー」や「ムスリム・フレンドリー」といった、さまざまな用語が使用されています。ただ、それぞれの言葉が具体的に何を意味しているのか、生産者や消費者などの間で認識が異なる事態が見受けられます。

● **多様な類義語が誤解を招く**

「ハラール」とは、Q14 で論じたように、本来はシャリーアに基づく人の行為や行為を導く事物の五つの分類（法規則）の一つである「合法」「許容」という概念です。すなわち、行っても行わなくても、宗教上の罪に問われない物事全般がハラールなわけです。ただ今日のムスリムの中には、認証団体によるハラール認証を受けている商品やサービスのみをハラールであると認識している人もいますので、ムスリムではない者が不用意にこの言葉を使用すると誤解を招く恐れがあります。

同じく「シャリーアへの遵守」という意味で、シャリーア・コンプライア

ンス（Shari'ah compliance）という用語もあります。この表現は、企業活動がイスラーム法に合致しているかの適格性を保証するものです。イスラーム金融に対して使用されている一方で、食品分野や観光分野ではあまり使用されることはありません。

食品分野では、飲食物を表す表現として「ポーク・フリー（pork-free）」や「アルコール・フリー（alcohol-free）」という表現が用いられることもあります。その名のとおり、ブタやアルコールを使用していない飲食物を指しています。ただ、主要な食材として使用していないだけなのか、防腐剤などの食品添加物や調味料としての使用、あるいは天然発酵によって生じたアルコール成分も含まれないかといった点で、消費者と生産者の間、あるいはムスリム同士の間でも意味のとらえ方に齟齬が生じやすい表現です。

近年、特に非ムスリムの間で使用され始めているのが、「ムスリム・フレンドリー（Muslim friendly）」という表現です。この表現は、食品にかぎらず、ツーリズムなどに関わる諸分野において、何らかの形でムスリムへの対応・配慮を行っていることを指します。そのため、「ムスリム・フレンドリー」が具体的に何をどこまで行っていることを指すのか、言葉の使用者である日本人事業者ごとに異なるとともに、受け取り手である外国人ムスリム観光客の認識とも齟齬を生みやすい表現といえます。

●より詳しい説明が重要

いずれの表現にせよ、ハラール認証などの客観的な指標がないかぎり、残念ながら事業主とムスリム消費者との間にはもちろん、ムスリム同士の間にも認識の差があり、それがきっかけでトラブルが生じる可能性もあるのが現状です。そのため、短く簡潔であっても誤解を招く表現を用いるより、「私たちはこの範囲で対応を行っています」と具体的な説明を行う方が、相互理解を深めるのには大切です。

ハラール認証とは何ですか？

商品・サービスがイスラームの基準を満たしていることを証明する制度です。

ハラール認証とは、その商品やサービスがイスラームに準拠していることを、イスラームと当該分野それぞれの専門家によって証明する制度のことです。具体的には、認証基準と、認証基準に基づいて判定を行う認証団体で成り立ちます。

●ハラール認証は「認証基準」と「認証団体」で構成

　ハラール認証基準とは、当該商品・サービスがイスラームに準拠していること、すなわちハラールであることを証明する基準のことで、シャリーアを中心に作られています。ただ認証基準によっては、地域の伝統や固有性、あるいはイスラームに由来しない文化への許容度などが織り込まれることもあり、このことが認証基準の間での内容の相違を生んでいます。

　ハラール認証団体とは、商品・サービスが上記のハラール認証基準に準拠しているかを検査し、認定する団体のことです。多くの認証団体では、イスラームの専門家とともに当該産業の専門家が、合同で認証審査を行います。

　また、必要に応じて科学的な検査も行います。たとえば食品の認証の場合では、ブタのDNAが発見できる検査キットを使用することがあります。事

図表 6-1 マレーシア科学技術革新省制定のハラール認証基準

対象分野・産業	認証基準
食品・飲料、レストラン、屠畜	MS1500：2009
経営	MS1900：2005 MS2300：2009
化粧品、衛生品	MS2200：Part 1：2008
骨、革、毛皮製品	MS2200：Part 2：2012
物流・流通	MS2400-1：2010
倉庫・保管	MS2400-2：2010
小売	MS2400-3：2010
医薬品	MS2424：2012
飲用水	MS2594：2015
旅行	MS2610：2015

出典：Halal Industry Development Corporation

業主が認証を取得すると、認証団体より証明書が発行され、それを店舗や工場に掲示したり、商品にハラール・ロゴを印刷することが認められます。

●飲食物以外にも認証制度は適用される

　マレーシアのハラール認証制度は、科学技術革新省基準局が制定した認証基準に基づき、首相府イスラーム開発局（JAKIM）が認証団体として認証を行っています（図表6-1、イスラーム金融を除く[1]）。飲食物を対象とする「MS1500：2009」以外にも、さまざまな産業、商品・サービスがハラール認証の対象となっています。食品や飲料と同じように、口に含んだり肌に触れる商品として、化粧品、衛生品（歯磨き粉など）、医薬品などもハラール認証の対象となっており、独自の認証基準が設けられています。もっとも、実際には、ブタ由来成分とアルコール由来成分の排除に主眼が置かれており、こ

1　マレーシアのイスラーム金融産業では、銀行と保険は財務省と中央銀行が、証券と債券は証券委員会が、それぞれ業界の規制作成と監督を担当しています。

の点は飲食物の認証基準と共通しています。

　製造業だけではなく、運輸・流通産業に対しても、ハラール認証制度が導入されています。業態ごとに「物流・流通」「倉庫・保管」「小売」の三つの基準に別れていますが、ハラール認証を取得した商品とそうではない商品とを物理的に隔離して扱う、という点は共通しています。日系企業としては、マレーシア日本通運が2014年に物流を対象とする「MS2400-1」を、2017年には倉庫を対象とする「MS2400-2」をそれぞれ取得し話題となりました。なお、小売業を対象とする「MS2400-3」は、ルールとしては存在しているものの、認証は実施されていません。

　サービス業である旅行産業、特にホテルや旅行会社などを対象とする基準には、「MS2610：2015」があります。ムスリム観光客のために整えるべきホテルの設備や、ツアーにおける礼拝の時間の確保などを規定しています。

●マレーシアにおけるハラール認証制度

　マレーシアのハラール認証制度は、イスラーム諸国の中でも多くの商品・サービスに基準が設けられ、厳格に運営されています。認証団体であるJAKIMが官庁の部局であること、また、虚偽申請や証明書の偽造に対しては、取引表示法によって刑事罰が科されることから、マレーシアのハラール認証制度は政府によって運営されているといえます。

　ただ、それでも認証制度の対象となる商品・サービスは、一部のビジネスに留まっています。女性の衣服のようにシャリーアへの準拠が求められながらも基準が整備されていない産業や、家電・自動車産業など認証制度になじまない産業もあります。

　どのような産業のどのような商品・サービスがシャリーアに準拠すべきか、どのような認証基準が採用されるかは、商品やサービス、あるいはムスリム消費者からのニーズに左右されているのが現状です。

Q50 ハラール認証団体にはどのようなものがありますか？

世界中に多数の団体が存在します。

ハラール認証基準に基づき、商品・サービスを審査し認証を与えるハラール認証団体は、イスラーム諸国のみならず、日本をはじめ世界各地に存在していますが、その組織形態や役割・活動の範囲は、団体によってまちまちです。

●イスラーム諸国とその他各国の状況

　ハラール認証団体は、イスラームの観点から認証を行っており、イスラーム法学などの専門家が関わっているのが一般的です。ハラール認証団体への信頼性が、その団体が認証している商品・サービスの信頼性の高さに直結しています。

　そのため、その国で最も信頼されているイスラーム団体こそ、ハラール認証を行うには適任といえます。

　このような団体は、モスクの運営やムスリムの婚姻の儀礼や手続き、ハッジ（メッカ巡礼）希望者の取りまとめなど、国内ムスリムのための各種の活動も同時に行っているのが一般的です。この傾向は東南アジアで顕著です。

　他方、日本やイギリス、フランスのように、国内ムスリムが移民や出稼ぎ労働者が中心となっている国の場合、ムスリムは自分の出身国のイスラーム

団体との関係を重視します。

そのため、信頼されるイスラームの権威は出身国ごとに異なり、国内でのイスラームの最高権威の統一が困難です。このことが、国内のハラール認証団体の乱立を招いています。

実際日本では、イスラーム団体ごとに関係の近い国（たとえば、パキスタン、トルコ、マレーシアなど）が異なります。過去には世界のハラール認証団体の統一のために国際機関を設置することも検討されましたが、団体間の綱引きで機関自体が分裂してしまい、現在でも世界統一団体・基準の実現には至っていません。

●組織形態は「政府」「政府系機関」「NGO等」の三つ

組織形態も団体ごとに特徴があります。マレーシアのJAKIMのような政府の部局や、シンガポールのMUISやタイのCICOTのような政府系機関、あるいはインドネシアのMUIのような民間のイスラーム団体・NGOなど、さまざまな形態が存在します。

また、ハラール認証をビジネスとして行うコンサルティング会社や、海外の認証団体を紹介し認証取得を支援する仲介業者も存在します。

活動範囲も、認証団体の規模に応じて、団体の近隣地域から全国規模で活動する団体など多様です。

日本では、憲法における政教分離の原則により、政府によるハラール認証の実施は行われていません。そのため認証団体は、いずれもその主体が宗教法人やNPO法人のような民間団体です。

国内にいくつの認証団体があるのか正確なデータはありませんが、一説によると100団体以上ともいわれています。日本在住のムスリムと外国人ムスリム観光客にとって知名度と信頼度の高い認証団体が存在すれば、企業や事業主は安心して認証取得できるようになるでしょう。

図表 6-2 各国の主要ハラール認証団体

地域	国	団体名
東南アジア	マレーシア	連邦政府首相府イスラム開発局（JAKIM）
	インドネシア	インドネシア・ウラマー評議会（MUI）
	シンガポール	シンガポール・イスラム宗教評議会（MUIS）
	タイ	タイ・イスラム中央委員会（CICOT）
	フィリピン	フィリピン・イスラム宣教評議会（IDCP）
		フィリピノ・ムスリム国家委員会（NCMF）
欧州	イギリス	ムスリム食品会議
		ハラール食品機関
	フランス	リヨン大モスク儀礼委員会
	ドイツ	ハラール・コントロール調査認証機関
中東・アフリカ	トルコ	KAS ハラール認証機関
		食品供給調査認定協会（GIMDES）
	UAE	ガルフ・ハラール・センター
	南アフリカ	国家独立ハラール・トラスト
		南アフリカ国家ハラール機関（SANHA）
東アジア	中国	山東省伊斯兰教协会
		中国伊斯兰教协会
		郑州伊真企业管理咨询有限公司（ARA）
		甘肃临夏清真食品认证中心（Gansu）
	韓国	韓国イスラーム教中央会（KMF）
	台湾	台灣清真產業品質保證推廣協會（THIDA）
	日本	宗教法人日本ムスリム協会
		NPO法人日本ハラール協会（JHA）
		宗教法人日本イスラム文化センター
		NPO法人日本アジアハラール協会（NAHA）
		一般財団法人日本ハラールユニット教会
		ムスリム・プロフェッショナル・ジャパン協会

出典：JAKIM (2017), "The Recognised Foreign Halal Certification Bodies and Authorities"

Q51 なぜハラール認証基準には多様性があるのですか？

基準によって許容度などに差があるため、多様性が出てきてしまいます。

ハラール認証団体の統一ができない大きな理由の一つが、ハラール認証基準の統一が困難だからです。現状においては、認証基準は団体ごとに差異が存在しています。

●認証基準に地域差・団体差が生じる原因

　ハラール認証基準は、基本的にシャリーアをもとに作られます。ただ、法学派によって、食に関するシャリーアの内容が異なります。典型例がウナギやナマズのように「鱗がない」とされる魚の飲食の可不可で、最大多数派のスンニ派はこれを食べることを認める一方、イランやイラクの一部に信徒がいるシーア派では認めていません。このような違いが、認証基準の差となって現れてきます。

　認証基準の相違を生むもう一つの大きな要因が、各地の非イスラーム的要素の存在の有無、およびそれを現在のムスリムがどの程度受容しているかの差です。

　非イスラーム的要素とは、イスラームが普及する以前からその土地に存在する文化、近現代的な技術や西洋発祥の事物、異教徒の文化圏からもたらさ

れた物などを指します。こうした要素は一見するとイスラームの教義にはそぐわないものですが、どの程度現在のムスリムが許容しているかは、その土地によって異なります。

●アルコール度数 20％のものも食べられる！？

例として Q21 で取り上げたタパイの事例を確認しましょう。マレー半島やボルネオ島では、コメやタピオカを酵母（ササド）で発酵させた食品があります。固形物として食べたり飲料として飲むものですが、発酵させているためアルコール度数が 20% 程度になります。

タパイは、東南アジアにイスラームが伝えられる以前から当地で存在する飲食物で、現在でも結婚式などの儀礼で提供されます。そのためマレーシアでは、タパイには「酩酊作用はない」としてハラール認証を与えています。しかし他国の認証団体では、「アルコール度数が高い」として認証を出していません。

アルコール度数については、マレーシアではタパイよりもアルコール度数がはるかに低い日本製の醤油や味醂が、「アルコール成分が含まれている」として認証が与えられていません。

タパイの事例から明らかになるのは、認証基準はイスラームに基づきながらもイスラーム以外の要素も加味されていること、そして科学的知見という客観的指標を採用しつつも伝統や文化的要因によって認証が左右されるという事実です。

ムスリムではない日本人や日本企業は、ハラール認証基準ごとに相違が存在することと、その原因はどこにあり、商品開発にどのような影響を与えるかを知っておくべきでしょう。

日本の場合、認証取得は必須ですか？

認証の有無にこだわるよりも情報公開を心がけましょう。

外国人ムスリム観光客にとって食事は、旅行の楽しみであると同時に宗教実践でもあります。店舗としては、ハラール認証の有無にこだわるよりも、ムスリムが自主的に判断できるための情報公開を心がけるべきです。

●適切な判断材料となる情報提供を

　外国人ムスリム観光客は、食事に対してブタやアルコール由来成分等の含有や接触の有無に注目します。しかし日本では、これらを判断するのに足るだけの情報が不足している点に不便を感じているそうです。

　ハラール認証の取得は、ムスリム対応を実施していることを客観的に証明します。ただ、その認証団体が掲げる高水準な基準を厳密に行わなくても、各店舗の現状に合わせて可能なところから対応することと、どこまで対応しているかについての情報開示をすることが、重要かつ即効性のあるムスリム対応だと考えられます。

　ハラール認証の取得だけがムスリム対応ではありません。ハラール認証があれば望ましいに違いありませんが、認証を未取得であるがゆえに外国人ム

スリム観光客から忌避されるというわけでもありません。したがって、認証取得は必須ではないと筆者は考えます。

Q50とQ51で述べたように、ハラール認証団体ごとにハラール認証基準が異なります。飲食店の店頭に認証団体の認定証が掲示してあったり、商品のパッケージにハラール・ロゴが印刷されていれば、ムスリム消費者はそれらがハラール認証を取得していると認識できます。

ただ厳密にいえば、それは「認証団体が掲げている認証基準に合致している商品・サービスである」という意味にすぎません。

見たことがない食品に、初見の認定証やハラール・ロゴがあったとしても、「どこの認証団体のどのような認証基準に準拠しているのか」「スンニ派やシーア派のどの法学派に属すのか」といった情報は、認定証やロゴからは読み取れません。

●情報提供がムスリム対応の第一歩

他方、ハラール認証を取得するほど厳密な対応を求めないムスリムがいるのも確かです。特に日本を訪れる外国人ムスリム観光客は、イスラーム諸国並みのハラール認証制度が十分整っていない日本の現状を承知の上で訪日し、日本の食事を可能な範囲で楽しんでいます。

ただ、ムスリムにとっては最低限の対応である、アルコールとブタを食材としない料理の提供は日本滞在中でも望んでいます。

外国人ムスリム観光客は、自らの許容範囲に応じて食品や料理を選択しますが、判断材料となりうる店舗・商品からの情報提供が少ないことを不満に抱いています。

商品のパッケージやレストランのメニューなどに、日本語だけではなく英語やピクトグラム（絵文字）を用いて、ムスリム消費者に情報が伝わるようにするだけでも、十分なムスリム対応となります。

ハラール認証はどの認証団体で取得しても同じですか?

所在地の違いや信頼度の違いを考慮する必要があるでしょう。

ハラール認証を取得する際に、どの認証団体から取得するのかが重要となります。選択にあたっては、製造拠点が日本国内外のどちらにあるかと、主要なムスリム消費者がどこの国の出身者かを考慮する必要があるでしょう。すなわち、その商品・サービスを利用するムスリム消費者と、認証団体との親和性を勘案することが重要なわけです。

●所在地や信頼度でハラール認証団体を決めよう

　認証を取得する場合、対象となるのは本社ではなく、製品の製造拠点である工場や飲食店、サービスを提供する店舗となります。そのため検討対象となるのが、その製造拠点や店舗がどこにあるかという点です。外国人ムスリム観光客を受け入れる日本の飲食店や、イスラーム諸国に輸出を行う日本の食品加工工場であれば日本の認証団体から、国外の食品工場であれば当地の認証団体から認証を取得するケースが多いでしょう。

　申請者と認証団体とが同じ国にあれば、認証基準の解釈や申請書類の作成などで言語の違いによる障害は発生せず、また認証団体も当地のイスラーム

の状況や食品の傾向、あるいはビジネスの環境を熟知しているので、それを踏まえた認証基準が設けられていることもあります。

　他方、ムスリム消費者の視点に立てば、たとえ外国にあっても自国の認証団体のロゴが添付されていれば、安心して消費することができます。そのため日本にある食品工場や飲食店が、あえて東南アジアや中東、欧米の認証団体から認証を取得することも選択肢として考えられます。この場合、海外の認証団体は同国向けの認証基準を用いて認証を行いますので、厳格に判断されます。アルコールやブタ肉由来の成分の使用のみならず、ムスリム従業員の有無や経営体制の確認なども含まれます。

　申請においては、同団体の現地語ないしは英語での書類作成が必須のため、知識のあるスタッフが必要でしょう。

　また、認証団体の検査官による巡検に際しては、審査料とは別に検査官の旅費を申請者が負担します。

　もちろん、日本人ムスリムが主要な顧客であれば、日本の認証団体からの取得でもかまいません。これらの点を勘案して、認証団体を選択することになります。

●消費者から信用される認証団体の取得がベター

　どの認証団体から認証を取得するかは、認証手続きの容易さや費用の安さも大切ですが、認証団体に対するムスリム消費者からの信頼性が一番重要です。高額な費用と長い月日をかけて認証を取得したとしても、ムスリム消費者からの信頼が得られていなければ、取得した効果が期待できません。

　もちろん、認証を取得しないという選択肢もありえます。認証基準を満たしていないまでも、可能なかぎりでムスリムに対する配慮は行えます。

　いずれの対応にせよ、情報開示の上で、ムスリム自身に判断してもらうべきでしょう。

Q54 ハラール認証は簡単に取得できますか？

マレーシアでも合格率は60%程度。
簡単ではありません。

飲食店や食品メーカーが、国内外いずれかのハラール認証団体から認証を取得しようと考えた場合、取得のための費用や期間もさることながら、認証の取得のしやすさが、企業にとっては気になるところです。マレーシアのJAKIMから認証取得できるのは、申請した10社中6社程度とされており、誰しも簡単に取得できるとはかぎらないのが現状です。

●JAKIMの審査のポイント

JAKIMによるハラール認証では、①原材料の仕入れ、②調理工程・方法、③社内体制の構築、などが審査の対象になっています。日本の国内事情と比較すると、原材料の仕入れに関しては、すでにハラールを取得している食品や調味料を原材料として使用するため、これらが普及しているマレーシアでは、日本よりも容易で安価に入手が可能です。

調理工程・方法については、専用の厨房や製造ラインを構築するための手間はマレーシアであっても日本であっても同じです。社内の体制については、ムスリムの従業員やハラール担当の役員を置くことが求められていま

すが、マレーシアの方がムスリムの雇用は容易です。このような状況にあるため、日本よりもマレーシアの方が認証を取得しやすい状況にあるはずですが、マレーシア国内にあっても、申請した10社のうち4社が審査でふるい落とされています。

●何が認証に対する信頼性を担保するのか

また、ひとたび認証を取得したとしても、2年間の有効期間中に認証を剥奪されたり、更新に失敗したりすることがあります。近年も、商品のイラストにクレームがついたキユーピー・マレーシア社や、セントラル・キッチンが衛生基準を満たせなかったために認証を剥奪されたレストラン・チェーンのシークレット・レシピ社、ブタ由来成分の混入が疑われた英キャドバリー社などの事例が知られています。

このようにマレーシアでのJAKIMからの認証取得は、一方ではサプライ・チェーンや雇用など環境が整っているものの、他方では認証制度の厳密な運営が行われているといえるでしょう。

このことが、6割という合格率と、認証を取得した商品に対するムスリム消費者からの高い信頼に現れています。

ハラール食品製造の環境がマレーシアほど整っていない日本での食品の製造では、マレーシア以上に取得が困難と考えた方が適切です。

このような状況にもかかわらず、認証取得の容易さや金銭的な負担のみでこの困難を乗り越えられることを謳う日本国内の認証団体やコンサルティング会社があるとするならば、そのような認証はムスリム消費者から信頼を得るのは難しいといわざるをえません。

Q55 ラマダーン月に気をつけるべき点は何でしょうか？

飲食可能な時間帯に応じた対応を行いましょう。

飲食におけるムスリム対応というと、食材や調理方法が思い浮かびますが、ムスリムにはもう一つ重要なイスラームの実践があります。それは、ラマダーン月の断食です。したがって、断食への対応は、重要なムスリム対応の一つといえるでしょう。

● ラマダーン月

　ラマダーン月とはヒジュラ暦（イスラーム暦）の第9月（1～30日）のことで、1カ月間にわたり飲食（および性行為）を絶ちます。ただし断食は日の出から日の入りの時間帯のみで、夜間の飲食は問題ありません。また、病人や妊婦、旅行中の者は免除されており、代わりに後日改めて行います。

　現代のイスラーム諸国においても西暦（グレゴリオ暦）が採用されていますが、ラマダーン月はヒジュラ暦に基づきます。西暦は太陽暦であるため1年は365日ですが、純粋太陰暦であるヒジュラ暦の1年は354日です。そのためラマダーン月は、西暦から見れば毎年11日ずつ早まっていきます（図表6-3）。

図表6-3 2018～2021年のラマダーン月

西暦	ヒジュラ暦	ラマダーン月	
		1日（初日）	30日（最終日）
2018	1439	5月16日	6月14日
2019	1440	5月 6日	6月 4日
2020	1441	4月24日	5月23日
2021	1442	4月13日	5月12日

注：月の満ち欠けを目視で確認するため、年や地域によって日付が前後する可能性があります
出典：各資料をもとに筆者作成

●ラマダーン月における食に関する行動

　ラマダーン月における食に関連したムスリムの行動は、他の月とは異なります。それゆえ日本の事業主も、それに合わせた対応が必要となります。パッケージ・ツアーとそれを受け入れるホテルや飲食店であれば、朝食は日の出前、夕食は日の入り後の時間帯に設定すべきでしょう。朝食は早朝になるため、営業時間の変更が必要かもしれません。日没後は、最初に口にするのはナツメヤシがよいとされているので、移動用のバスや飲食店などで提供すると喜ばれるでしょう。早起きに加えて日中は昼食を採れないため、空腹と睡魔に襲われます。無理のないスケジュールを組むのがよいでしょう。

　旅行中は断食を行わなくてよいとするクルアーンの記述を根拠に、あえてラマダーン月に旅行を行い、断食を免れようとするムスリムもいます。そのため日本の飲食店が外国人ムスリム観光客に対し「ラマダーン月につき日中はムスリムの来店お断り」と対応するのは、適切とはいえないでしょう。

　ただし、ラマダーン月にどの程度厳格に断食を実践するかは、ムスリム個々人の問題なので、日本の事業者はそれに合わせて対応することを心がけましょう。

Q56 取引先の外国人ムスリムを接待することになりました。何に気を配ればいいですか？

A 事前の情報収集に基づいて、本人のニーズに応えましょう。

ニーズの多様化に応じて、東南アジアや中東と取引を行う企業も増えてきました。商談のために来日した相手先企業の担当者が、ムスリムの場合もあります。それに付随して空港とホテル、会社・工場の間の移動、週末の観光地案内などへの接待を担当する機会も増えてきています。言語の問題や日本の慣習などに不慣れなのは、外国人ならば共通ですが、特にムスリムに対しては、食事、土産物、宿泊・礼拝など、接待方法などで別途配慮が必要になります。

●接待を行う際の留意点

まず食についてですが、飲食店や仕出し弁当、土産物、コンビニでの食品の購入などは、ハラール認証を取得してあるものが望ましいです。接待のスケジュールを立てる際に、移動範囲にこれらのものが入手できる店舗があるか確認しておきましょう。もちろん、ムスリムの中には、認証の有無にこだわらない者もいます。その場合、日本語で書かれている飲食店のメニューや

商品の成分表示を翻訳・解説してあげ、ムスリム自身による判断の手助けを心がけましょう。

　また1カ所に数日間滞在する場合、食事内容が3食同じでは飽きるでしょうから、目先の変化をつける工夫も必要です。

　宿泊と礼拝ですが、ホテルの客室で行う場合は、メッカの方向と礼拝の時間の情報、礼拝用マット、そして特に東南アジアのムスリム女性には礼拝用の衣装が必要です。情報はウェブサイトやアプリで簡単に入手可できる一方、マットと衣装を準備しているホテルはまだ少ないため、接客側で準備するか、あるいは先方に各自で準備してもらうよう事前に伝えておきましょう。

　また、金曜日は集団礼拝が行われるため、この時間のスケジュールを空けておくとともに、最寄りのモスクの場所とアクセス方法を確認しておくことも重要です。

●事前の確認と誠実な対応が大切

　「誰が接待を行うのか」という点にも配慮が必要です。先方が1名である場合は、接待は異性ではなく同性が行うべきでしょう。また男女複数の団体に対しては、接待側も男女複数で対応した方が、トイレの案内や土産物のアドバイスが適切に行えます。

　以上の点については、先方が訪日する前に、どの程度イスラームを日本で実践したいか、そのために何をしてほしいかを、電子メール等で確認しておくことが肝要です。

　接待担当者は、事前準備を行うことで先方のリクエストにどの程度応えられるかを把握し、マットなど対応が難しい場合については、本人に持参するよう率直に伝えるべきです。また当日、現場での急なリクエストにも対応できるよう、行動範囲の関連情報を収集しておきましょう。ムスリム対応の内容もさることながら、誠実な対応こそ、先方との信頼関係の構築のカギとなります。

Q57 外国人ムスリム観光客の接客担当者になりました。何に気を配ればいいですか？

A イスラームの知識やムスリムのニーズの情報収集を行い、その理解に努めましょう。

ムスリムへの接客を行う者は、イスラームとムスリムの知識を修得し、理解するようにしましょう。そして、自社の商品やサービスに関する説明能力を磨くと同時に、現場で聞いた外国人ムスリム観光客の声を自社商品やサービスにフィードバックすることも重要です。

●外国人ムスリム観光客に説明する役目

　外国人ムスリム観光客の増加により、都市部の飲食店やホテルだけではなく、どのような地域・業種にあっても、外国人ムスリム観光客が訪れる可能性が出てきました。また、飲食店のウェイター・ウェイトレス、ホテルのフロント・デスクなど、接客担当のすべての人が、外国人ムスリム観光客に接する可能性があるといえます。

　飲食店の接客担当者を例に挙げて考えてみましょう。外国人ムスリム観光客にとって関心があるのは、その店で提供される料理がイスラームに適っているか否かという点です。料理にアルコールやブタ由来の成分を使用していないか、ハラール認証を取得しているか、取得はどの認証団体からかなどの

質問は、信仰に基づいてなされるものです。

　質問を受けた接客担当者は、イスラームに関してある程度の理解がないと、質問の意図を理解できず適切な答えをができません。

　たとえば「このラーメンはブタを使用しているか？」という質問に対し、味付けがとんこつ味ではなく、あるいはチャーシューを乗せていないとしても、出汁の一部にブタのラードが用いられていることもあります。そこにまで思いが至れなければ、適切に答えることはできません。

　質問に対し適切に答えるためには、自らの店舗で扱っている商品に関しての十分な理解と豊富な知識も必要です。特に和食の場合、外国にはない食材、調理法、料理の名称などが数多く存在します。これらを相手の人に理解してもらえるよう、少なくとも英語で説明できるようにする訓練が必要です。また、接客担当者の間で知識やノウハウを共有することも重要です。

●外国人ムスリム観光客の声を反映させる役目

　接客担当者が担うべきもう一つの重要な役割は、外国人ムスリム観光客からのリクエストやクレーム、感謝の気持ちなどを、店舗スタッフのみならず、会社全体で共有させることです。そのためには、社内システムの構築が必要となります。顧客の声を反映させた商品の開発やサービスの向上こそが、外国人ムスリム観光客の満足度を高める原動力となるはずです。

　①自社商品・サービスについての知識の共有、②関連情報の収集、③顧客の声をフィードバックできる体制づくり、は、何も外国人ムスリム観光客に対してのみ行われる特別な行為ではなく、どのような客であっても、行われてしかるべきものです。

　ただ、これから外国人ムスリム観光客のための対応に取り組もうとするならば、この点に傾注することが必要となります。

Q58 ムスリム対応店の場合、従業員としてムスリムを雇用するのは必須ですか？

ムスリム従業員がいれば、
ムスリムの利用客から安心されます。

近年では、家電量販店や免税店が中国人や韓国人を従業員として雇い入れ、観光客に対応する事例が増えています。これと同様に、外国人ムスリム観光客に対応するため、外国人ムスリムを雇用する事例も徐々に現れてきています。外国人ムスリム従業員の雇用は、商品開発、接客、経営改善などの点でメリットがあります。適切な人材の確保や就労ビザなどの問題もあり、困難は伴いますが、一度は検討してみる価値はあるでしょう。

●外国人ムスリム従業員雇用のメリットは大きい

　外国人ムスリムを雇用するメリットの1点目は、商品開発を行う際に力を発揮できる点にあります。

　料理であれば、イスラームの考え方を感覚的に理解している外国人ムスリム従業員がいれば、どのような食材を用いて調理を行うべきか意見を聞くことができ、商品開発に役立てられます。出身国で好まれる食材や味付けなどに精通しているでしょうから、顧客と同じ感覚を持つムスリム従業員の存在は重宝するでしょう。

2点目は接客です。商品や料理について、インドネシア語やアラビア語、英語など、観光客の母国語で説明できる能力はたいへん魅力的です。メニューやチラシの記載よりも対面でのやりとりを重視する外国人観光客にとっては、自分と同じ出身国の店員がいることで安心感が得られます。また、店舗のウェブサイトを担当してもらい、各国語で情報発信することでイスラーム諸国にアピールすることもできます。

3点目は経営への関与が期待できる点です。長期間にわたって外国人ムスリム観光客を惹きつけるには、マーケティングに基づいた経営計画が必要です。たとえば、各国の長期休暇の時期、好まれる店舗のインテリア、ハラールである食材・調味料の仕入れ、ウェブサイトを通じての宣伝など、外国人ムスリム従業員が活躍できる場面は多いでしょう。

●どうやってリクルートするか？

このように外国人ムスリム従業員を雇用することのメリットは多数ありますが、他方で雇用することの難しさもまた存在します。まずネックとなるのが、外国人ムスリムをどのようにリクルートするかという点です。外国人を得意とする人材派遣会社の利用や、近隣の大学の留学生などへのアプローチが、外国人ムスリム従業員の雇用の大きなきっかけとなるはずです。

ひとたび人材を確保できれば、あとは彼ら／彼女らの口コミ、人的ネットワークによって、安定的な人材供給も可能になるでしょう。

雇用はフルタイムとするかパートタイムなどの雇用形態の判断やビザの問題など、日本人従業員の場合とは異なる対応が必要となってきます。こうした困難が存在してもなお、消費者に近い、日本人にはない感性を持つ外国人ムスリムの雇用は、多くのメリットをもたらしてくれるでしょう。

Q59 外国人ムスリム観光客の動向やムスリム対応の情報はどこで入手できますか？

ウェブサイトやメディア、講演会などで入手が可能です。

外国人ムスリム観光客の動静や、ムスリム対応の実例は、直接当事者に会って情報収集を行うのが理想ですが、インターネットのウェブサイトやSNSの情報、国内外のメディア、あるいは講演会、見本市などから動向を知ることができます。

●どうすれば外国人ムスリム観光客の動静の把握できるか

　外国人観光客の動向を知る統計としては、日本政府観光局が公表している「訪日外客統計」があります。これは、主要国別の観光客を毎月公表するもので、翌月公表の推計値ではビジットジャパン事業の重点市場20カ国ごとの観光客数と情勢分析が公開されています。また、3カ月後に公表される暫定値では、38カ国について観光客と商用客のデータが公開されています。イスラーム諸国のうち、推定値ではマレーシアとインドネシアが、暫定値では両国に加えてトルコが対象となっています。

　日本における外国人観光客の消費動向については、観光庁の「訪日外国人消費動向調査」があります。ここでは、訪日外国人の国別・目的別の消費額が、四半期ごとに公表されています。「訪日外客統計」などと組み合わせる

ことで、客単価などが推測できます。

　民間の有料サイトとしては、外国人観光客が日本でのSNSへの書き込みを解析する「inbound insight（インバウンド・インサイト）」があります。Twitterや微博（weibo［中国版Twitter］）への投稿の場所、時間、内容などから、彼ら／彼女らの動向が分析できます。もちろん、このような有料サービスを使用しなくとも、SNSの検索機能を使用することで、ある程度の分析が可能です。

●さまざまな情報にはどうやってアクセスするか

　ムスリム対応の実例に関する情報は、①飲食店や商業施設自身によるウェブサイトやSNSによる情報発信、②施設の情報や利用者の体験談を掲載するウェブサイト、③先進的な事例を紹介するテレビ番組や新聞、専門誌などのメディア、④官公庁や各地の観光協会、業界団体、イスラーム団体による情報発信、などから入手が可能です。

　著名なウェブサイトとしては、旅行情報を扱う「トリップ・アドバイザー」、各国のレストランや小売店情報を扱う「zabihah（英語）」、国内レストラン検索サイトの「ぐるなび」や「食べログ」、ハラール情報のポータルサイトである「ハラール・メディア・ジャパン（日本語・英語）」などが挙げられます。

　掲載されている施設等の情報はもちろん、一部サイトでは利用者の口コミも書き込まれているため、店舗側と顧客側双方の情報を入手できます。

　新聞、雑誌、テレビといった既存メディアでも、ここ数年来、外国人ムスリム観光客やムスリム対応を行う企業・店舗の記事が増えました。また、官公庁や地方自治体、観光協会、業界団体、イスラーム団体などが勉強会や講演会、見本市を実施しています。これらの会場に足を運ぶことで、情報収集を行うことも有益でしょう。

Q60 ムスリムから直接意見を聞きたいのですがどのようにすれば会えますか？

可能であれば、近隣のモスクや大学にコンタクトを取ってみてもいいでしょう。

ムスリム消費者の動向や業界他社の傾向は、ウェブサイトやメディア報道、見本市などを通じて把握することは可能です。しかし、ムスリムの直接の声、特に自社の商品・サービスに対する感想は、収益に直結する重要な指標となります。在留外国人ムスリムにコンタクトを取り、意見を求めてみるといいでしょう。

● 外国人ムスリムはどこにいるか

　ムスリムから直接意見を聞きたい場合、短期滞在の観光客よりも日本に暮らす在留外国人ムスリムの方が、コンタクトが取りやすいでしょう。「在留外国人統計」によれば、イスラーム諸国のうち在留外国人が4,000名を超える国は6カ国あります。多い順に、インドネシア人（4万人）、パキスタン人、バングラデシュ人、マレーシア人[1]（各1万人程度）、トルコ人、イラン人（各4,000人）です。

　在留外国人ムスリムが集まる場所には、ある程度の傾向があります。一つ

1　ただし全員がムスリムというわけではなく、同国のムスリム人口比（6割ほど）を考慮すれば、マレーシア人ムスリムは5,000人強と見られます。

目は彼ら／彼女らを多く雇用している企業で、工場やその寮に集中しています。二つ目は大学で、イスラーム諸国からの留学生の受け入れに積極的な大学は、定期的・安定的にムスリム学生が在籍しています。そして三つ目がモスクです。日本にはモスクが数十あるとみられ、独自の礼拝所を保有しているところもあれば、アパートの一室を礼拝スペースとして使用する例もあります。

●ムスリムとの出会い方はいろいろある

　飲食店がムスリム対応を始めるにあたり、料理の味付けや内装などの感想・コメントを直接聞くことは効果的です。人と人との関係性や人的ネットワークを重視する外国人ムスリムに対しては、きっかけさえあれば交流は持ちやすいといえます。「飲食店のそばにムスリムが暮らしている」「ムスリムが多い工場に料理のデリバリーに行ったことがある」「アルバイトの大学生が留学生との交流サークルに入っている」などのきっかけを最大限利用してみるのもよいでしょう。
　近隣にモスクや大学などがない場合は、県内のモスクの運営団体や大学の留学生グループに連絡を取り、正式にアドバイザリーの依頼を行ってみるのもいいかもしれません。
　ムスリムを10名程度招いた試食会を営業時間外や休業日に店舗内で開催したり、あるいはモスクや大学、寮などに料理を持ち込み試食してもらう方法は、スマートなやり方です。尋ねる意見や感想を求める内容・範囲は多岐にわたってもかまいませんが、気楽な雰囲気でのトークの方が話しやすいでしょう。
　招待者としては、性別や年齢、国籍など多様な属性を持つ多様なムスリムを招くことが重要です。また、自店のターゲットが明確であれば、想定している顧客層に近い方が適切だといえるでしょう。

Q61 ムスリム対応が整った後にどのように広報を行えばいいですか？

A 旅行会社向けの広告を利用するほか、ウェブサイトでの宣伝、口コミが重要です。

Q60で解説した「情報収集法」と同様、ウェブサイトや既存メディアを通じて自らの情報を発信するのが適切です。その際に、どの言語を用いてどの程度の頻度で情報発信するかが課題となります。

●既存誌への広告掲載とインターネットがメイン

　もし、外国人ムスリム観光客に来店してほしいのであれば、「自分たちの店舗はどこにあるのか」「営業時間はいつなのか」「どのような商品・サービスをいくらで提供しているのか」「定期・不定期のプロモーションはあるか」といった自分たちが伝えたい情報を確実に伝達するための工夫が必要です。

　インターネットは、自らの手で随時情報更新できる利点があります。ウェブサイトに加え、「twitter」「Facebook」「食べログ」「ぐるなび」などのサービスを通じて、情報提供できます。また、「トリップ・アドバイザー」や「zabihah」「4squere」など店舗利用者の口コミ情報を掲載するサイトもあります。よい口コミを増やすため、客にサービスする工夫も必要です。

　インターネットは容易に利用できますが、情報の波に埋もれてしまう可能

性もあります。そこで、既存のメディアの活用も有効な手段です。国内外で配布されている外国語のミニコミ紙やフリーペーパー、あるいは海外で出版される日本のガイドブックへの広告掲載は、旅行者の手元に高確率で届くでしょう。

　広報手段で無視できないのが、対面での宣伝です。国内外の観光博覧会などにブースを出展することで、外国人ムスリム観光客やツアー業者に直接アピールできます。地域の観光協会とジョイントして出店すれば、「ムスリムが観光しやすい街」というイメージ形成にも役立ちます。

　また、海外旅行業者による日本での現地視察の際には、配布資料とともに口頭でアピールできるよう準備するのも効果的です。対面の関係を重んじる外国人には、良好な人間関係を構築することが肝心です。

●使用する言語と情報更新の頻度がカギ

　こうした広報活動の際に課題となるのは、用いる言語と情報更新の頻度です。まず言語ですが、外国人に直接宣伝することを目的とするため、日本語ではなく、英語やターゲットである外国人ムスリムの使用する言語などが視野に入ってきます。

　既存のメディアならば翻訳は専門家が行いますが、「twitter」や「Facebook」などでは自ら対応しなければなりません。そこで、ウェイターやウェイトレスとして雇用する外国人スタッフにウェブ担当を兼任としてもらい、母国語に翻訳してもらうのが適切です。あるいは、観光協会や業界団体などで雇用してもらう方法も考えられます。

　次に、情報更新の頻度が問題となります。連日更新する必要はないものの、シーズンごとに新商品・サービスの紹介や、地元の行事に連動した店内イベントなど、ビジネスの内容や地域の実情をきめ細かく広報することは、大きなアピールとなるでしょう。

第7章

飲食店の対応①
食材と調理

飲食店におけるムスリム対応とはどのようなものですか？

その内容は広範に及びますができるところから始めましょう。

外国人ムスリム観光客のために飲食店が行うべき対応には、ムスリムであるがゆえに行うことと、外国人に共通して行わなければならない対応とに分けて考えるべきです。その対応の内容は多岐にわたり、容易ではないものも含まれます。したがって、できるものから進めていくべきでしょう。

● ムスリム対応にはどんなものがある？

　外国人ムスリム観光客への対応の1点目は、イスラームに基づく対応です。中でも重要なのが食材です。ブタやアルコール由来の成分が含まれている食材を使用できないのは有名ですが、認証団体によってはほかにも飲食不可とされる食材があります。
　また、食肉は適切な屠畜がなされていないかぎり、ハラールであるとは認められません。高度に発達した食品化学により、原材料に何を使用しているのかわかりにくい食品添加物もあります。そのような場合、食材の出自・入手経路を明らかにする必要があります。
　食材以外では、調理器具や客が使用する食器、カトラリー（Q70で解説）

に注意が必要です。また男女の相席、店舗内の掲示物、介助犬を伴う客の扱いにも注意を要する場合があります。

　他方、イスラームに起因するのではなく、外国人ゆえに発生する問題もあります。一つは味付けです。たとえば日本料理であっても、各国の調味料を積極的に使用するか、もしくは伝統どおりの味付けのままとするのかも選択が必要です。

　また、メニューの表記をどの言語で書くか、といった言語の問題も考えなければなりません。

●まずは「できること」から始めてみよう

　前述したように、飲食店におけるムスリム対応は多岐にわたります。これらをどの範囲でどの程度徹底的かつ継続的に取り組んでいくか、費用対効果を勘案しながら検討する必要があります。

　海外の著名なハラール認証団体からの認証取得を目指すならば、認証基準を厳密に遂行することが求められます。他方、認証取得を目指さず、できることから対応していくのでもかまいません。その場合は、どこまでムスリム対応を実施しているのか、ムスリムへ正確に情報開示する必要があります。外国人ムスリム観光客は、その情報を自身の信仰に照らし合わせて飲食するか否かを判断します。

　食材にブタやアルコール由来の成分が含まれていなければよしとするムスリムもいれば、自国の認証団体しか信用しないムスリムもいます。高度なハラール認証基準に応えることも重要ですが、まずはできる範囲で対応し、それがムスリムにとって好ましいものかどうかは、ムスリム自身の判断に委ねるのが適切でしょう。

ムスリムが飲食できないものは何ですか？

ブタやアルコール由来の成分が有名ですが、他にも飲食できないものがあります。

ムスリムにとって飲食の可不可は、クルアーンやハディースによって示されています。これらに基づき現代に適用したルールがハラール認証基準です。なぜ飲食が禁じられるかは、食材ごとに理由が異なります。

●ブタやアルコール以外にもあるハラム食品

マレーシアのJAKIMが採用している認証基準「MS1500：2009」で示されている、ハラール認証が取得できる食材と取得できない食材をまとめたのが図表7-1です。

野菜や果物のように、収穫したばかりで未加工のものはハラールです。そのため、改めてハラール認証を取得する必要はありません。ただし、加工され調理されたものは認証の対象となります。また、ブタやイヌのように飲食不可の動物もいれば、ウシやニワトリのように指定された屠畜方法を施す必要がある家禽もいます。

不快感を催す生物（昆虫類など）や有毒物質を含有する生物は、ハラール認証を取得できません。ムスリムでなくても積極的に飲食したいとは思えま

図表 7-1 食材ごとの認証取得の可・不可の一覧（JAKIM の例）

種類（原則）	ハラムの条件
陸生動物 （原則ハラール。ただし、右のものは除く）	・イスラーム式で屠畜されていない動物の肉 ・ナジュス（不浄）である動物：ブタ、イヌ ・長い尖った歯や牙を持つ動物：トラ、クマ、ゾウ、ネコ、サルなど ・捕食性の鳥：ワシ、フクロウなど ・害虫や有毒な動物：ネズミ、ゴキブリ、ムカデ、サソリ、ヘビ、スズメバチなど ・人間に有益な動物：ハチ、キツツキ ・不快だと考えられている生物：シラミ、ハエなど ・その他、飲食が禁じられている動物：ロバとラバ ・故意で継続的にナジュスを餌として与えられて育ったハラールの動物
水生動物 （原則ハラール。ただし右のものは除く）	・有毒・中毒作用があるか、健康を損なうもの ・ナジュスの中で暮らすもの ・故意か継続的にナジュスを餌として与えられたもの
両生動物 （原則ハラールではない）	・陸上と水中の両方で生活する動物：ワニ、カメ、カエル
植物 （原則ハラール。ただし、右のものは除く）	・有毒・中毒作用があるか、あるいは健康を損なうもの
キノコ類と微生物 （原則ハラール。ただし、右のものは除く）	・有毒・中毒作用があるか、あるいは健康を損なうもの
天然鉱物と化学物質 （原則ハラール。ただし、右のものは除く）	・有毒・中毒作用があるか、あるいは健康を損なうもの
飲料 （原則ハラール。ただし、右のものは除く）	・有毒・中毒作用があるか、あるいは健康を損なうもの
遺伝子組換食品	・原則として、ノン・ハラールである動物の遺伝物質を使用することによって作られた遺伝子組換生物を原料とする遺伝子組換食品はハラム
有毒の動植物	・加工により毒素や毒が除去されなければハラム

出典：MS1500：2009 をもとに筆者作成

図表 7-2　ナジスの規定（マレーシアの事例）

ナジスと見なされるもの
・イヌ、ブタ。およびこれに由来するもの ・ノン・ハラールのもので汚染されたハラール食品 ・ノン・ハラールのもので直接触れたハラール食品 ・人間ないしは動物の開口部から排出される液体と固体：尿、血液、吐瀉物、膿、胎盤、糞便 　＊ただし次のものはナジスではない：①人間の乳（母乳）、精子および卵子、②イヌとブタを除く動物の乳（牛乳など）、精子および卵子 ・死肉（人間が見つけた時点で死んでいた動物の肉） ・イスラーム式の屠畜が施されていないハラールの動物 ・ハマルやハマルが含まれる飲食物 　＊ハマルとは酩酊作用があるもの。アルコールなど

軽重による分類	該当するもの
重度のナジス （ムガッラザ）	・イヌ、ブタ。これらに由来するもの ・両動物らの開口部から排出される液体と固体：乳、糞尿など
中度のナジス （ムタワッシタ）	・「重度のナジス」と「軽度のナジス」のいずれにも該当しないもの ・吐瀉物、膿、血、開口部等から排出される液体と固体 ・ハマル ・死肉
軽度のナジス （ムハッファファ）	・母乳以外を口にしたことがない2歳以下の男児の尿 ※人間の糞尿は、通常は「中度のナジス」に分類されるが、「預言者ムハンマドが礼拝前に体を清めようとした際、きれいな水がなかったためやむをえず男児の尿を使用した」という故事にちなみ、一般的な糞尿よりもナジスの程度が軽いとみなしている。

出典：MS1500:2009 をもとに筆者作成

せんが、コチニール色素のように昆虫の体液から製造される着色料もあり、その使用には慎重になる必要があります。

　同様に、人体の飲食も禁じられていますが、パンなどを柔らかくする添加物であるL-システインを生成する際、人毛が使用されているとの報道がなされたこともあり、この点に敏感な人もいます。

イスラームではハチミツは健康によいとされ、預言者ムハンマドもハチミツを摂るよう勧めています。そのためハチミツは飲食可で認証取得の対象になる一方、ハチミツを作るハチ自体（卵、幼虫、成虫）は益虫であるとして飲食不可です。同様に、クモは益虫、キツツキは益鳥と見なされ、これらを含む飲食物はハラール認証が取れません。

●タイイブとナジス

　ハラール認証においては、「ハラールかハラムか」とともに、もう一つ、「タイイブ（あるいはトイイブ）か否か」が問われます。これは、クルアーンの「許された（ハラール）よき（タイイブ）ものとして神から賜ったものを食べよ」［クルアーン5:88］との記述に基づきます。

　タイイブとは、アラビア語で「心地よい、美味しい」といった意味ですが、ハラール認証においては①健康によい、②中毒症状を引き起こさない、③人体に有害ではない、と解釈されます。具体的には、図表7-1にあるように「有毒・中毒作用があるか、あるいは健康を損なうもの」は認証を取得できません。もっとも、食品添加物を何グラム以上使用すると健康被害が生じるかは議論が分かれる点でもあり、理念としては適切でも数値化は困難といえます。

　タイイブの対義語とされるのがナジスです。アラビア語で「不快な、不潔な」という意味の単語ですが、具体的には図表7-2に示されています。これによれば、イヌとブタおよびこれらに由来するものは重度のナジスとされ、飲食を含めた身体的接触が禁じられます。

　JAKIMからの認証取得を目指すのであれば、これらの条件を満たす必要があります。あるいは取得しないまでも、どこまで対応するか、そしてそれを適切にムスリムに情報開示することを検討すべきでしょう。

「ブタの飲食は不可」ですが、ブタ肉を使った料理を食べなければいいのですか？

肉だけではなく、ブタ由来の成分を含むすべてが禁じられます。

ブタの飲食禁止はクルアーンに明記されています。禁止されるのは肉だけではなく、骨、皮膚、脂身、体毛、血液・体液などすべてです。ブタは食材として万能であるため、その皮膚から作るゼラチンや、油脂から作るラードなどを原料としたゼリー、飴、アイスクリーム、添加物、錠剤などには飲食不可となっています。

● ブタが禁じられる理由

　クルアーンには、「(飲食が) 禁じられるものは、死肉、血、ブタ、およびアッラー以外 (の名) で供えられたものである」［クルアーン 2:173］との記述があります。これを根拠として、ブタ肉の飲食が禁じられます。ただ、ブタの飲食を神が禁じた理由はクルアーンの中で示されていません。俗説としては、「生肉は危険だから」「ラクダやヤギなどとは異なり移動性が乏しく、遊牧民の家畜には向かないから」といった理由が挙げられています。

　ブタ肉を食べる者から見れば、ムスリムはブタを食べるのを我慢しているかのように思えます。しかしながら、ムスリムの両親からムスリムとして育てられた者にとっては、信仰実践と幼いの頃からの習慣とが分かち難く結び

ついており、そもそもブタを「食べ物」とは認識しておらず、飲食することに生理的嫌悪感を抱いているようです。中には、「礼拝などの信仰実践は行わないが、ブタだけは決して食べない」というムスリムさえいます。

もしもムスリムがブタを食べた場合ですが、クルアーンには「故意に違反せず、また法を越えず必要に迫られた場合は罪にはならない」［クルアーン2:173］と規定されています。すなわち、棄教を目的とした飲食は宗教上の罪となりますが、①ブタ由来成分が含まれていることを知らなかった場合、②生死に関わる状況の場合、③飲食を強要された場合、は罪とはなりません。ただ信仰心の篤いムスリムは、体を7回洗い清めるなどによって贖罪を果たします。

●多様な飲食物に使用されるブタ由来成分

他方、食材としてのブタはとても万能で、さまざまな部位が多様な食品や医薬品に用いられています。肉や内臓はもちろん、脂身はラードとして、骨はスープに、皮膚はゼラチンやカプセル剤などに使用されています。そのためブタ由来成分を使用した食品・医薬品は、トンカツや豚骨ラーメンだけではなく、多岐にわたっています。したがってムスリムは、いろいろな料理を目の前にして、外見的にはブタ肉を使っていなくとも、「ブタ由来成分が含まれているのではないか」と疑いを抱くことになります。

ブタ由来成分とは、究極的にはブタのDNAを指してます。そのため、ブタの遺伝子をもとに作られた遺伝子組替生物は、JAKIMではハラール認証を取得できません。

遺伝という点では、ブタの野生祖先種であるイノシシにも注意が必要です。分類学上の異同は別にしても、両者を同一視しているムスリムもいます。したがって、たとえばイノシシ肉を用いた「ぼたん鍋」やジビエ料理を振る舞う際は、ムスリムに確認すべきでしょう。

Q65 ブタに関して飲食以外で禁止されていることはありますか？

ブタ由来成分が他の食材や調理器具などに付着しないようにすべきです。

ブタの扱いをめぐっては、Q64で見たように飲食を禁じるだけではなく、ブタ料理の調理器具や食器の兼用、体毛で作った刷毛の使用、同じコンテナでの運搬や冷蔵庫での保管、さらには商品名や広告でブタを連想させるものの使用を認めない認証団体もあります。

●ブタは飲食以外でも禁止される

マレーシアの認証基準では、ブタを含めハラムであるものは、ハラールであるものと物理的に隔てて保管、運搬、陳列することを求めています。そのため、同じトラックのコンテナでブタ肉と牛肉を運んだり、同じ冷蔵庫に保管することはできません。また、調理や客への提供の際に使用する器具・道具の兼用も認めていません。同じ包丁やまな板で牛肉やブタ肉を切ってはなりませんし、同じ皿やナイフ、フォークを使ってハラール料理とハラム料理の別なく使用してはならないわけです。また、ブタの体毛を用いた刷毛の使用も認められていません。

これらは、ブタ由来成分がハラールの食材・料理に付着する交差汚染（ク

ロス・コンタミネーション）を避けるための措置です。もちろん、科学的知見による適切な洗浄を行えば、交差汚染は発生しません。ただ、ブタに対する生理的嫌悪感を持つ者からすれば、ブタに触れたもので調理された料理を口にしたいとは思わないでしょう。ただしマレーシアの認証基準によれば、ハラムであるものに使用した器具のハラール用への転用は、所定の儀礼を行った上で一度のみ認めています。

また、直接口に入るわけではないものの、ブタを想起させる商品名やパッケージ・デザイン、あるいは広告にブタを使用することも好まれません。シンガポールの大手ファストフード・チェーンが、2010年に景品として干支にちなんだ12種類のぬいぐるみを作成した際、ブタ（干支の「亥」は中国ではブタを指す）の扱いが大きな論争を招いたことがあります。

●ムスリムへの情報開示

Q63で見たように、ハラール認証基準が飲食を禁じているのはブタだけではありません。しかしながら、他の食材とは異なりブタの排除が強調されているのは、宗教と子供の頃からの習慣とがあいまって、ブタの飲食に嫌悪感を催すムスリムが少なからずいることと、食品化学の発達により、ブタ由来成分がさまざまな食品・料理に知らずに使用されているからです。

他方、ここまでの厳格さにこだわらないムスリムがいるのも事実です。食器や調理器具の兼用を認めるムスリムもいれば、「直接口にしないのであればかまわない」と、酢豚のブタ肉だけを除けて食べるムスリムもいます。この点はムスリムによって実にさまざまです。

飲食店がムスリム対応を取る際は、料理に使用する食材はもちろん、食器や調理器具の兼用、あるいは保管状態などについてどの程度対応しているのか、ムスリムに情報開示し、飲食するか否かをムスリム自身に判断してもらうようにしましょう。

Q66 アルコールに関してどんなことが禁止されていますか？

飲酒だけでなく、発酵食品や調理器具の消毒方法も対象になります。

Q22で触れたように、飲酒はクルアーンで禁じられています。ここからハラール認証では、飲食店で、アルコール成分を含むものをムスリムに提供することは認められません。また、発酵食品や防腐効果のためにアルコールを用いた食品もこれに該当します。さらに、調理器具の消毒のためのアルコールの使用も注意が必要です。

●アルコール成分を含む飲食物はNG

　アルコール成分は、ブタと同様にさまざまな飲食物に含まれています。ビールや日本酒といったアルコール飲料を飲むことは、当然禁じられています。また、牛肉の赤ワイン煮込みのように、アルコール飲料を使用した料理も、ハラールではありません。

　これらの飲料・料理は、ブタ肉料理のブタと同じように、アルコール成分の含有が明白であるため調理時での回避は容易です。問題は、①発酵過程でアルコール成分が発生する食品と、②防腐のためアルコール成分を添加した食品です。前者はアルコール発酵（酵母発酵）によって作られる食品で、日

本食では味醂や醬油がこれに該当します。他方後者は、発酵や腐敗に伴う膨張や味の変化を抑えたり、長期保存のために酒精（エタノール）を加えた食品で、味噌や生うどんなどが代表格です。いずれも食材や調味料として料理に使用されるため、ブタ由来成分を含む食材と同様、使用時に気づきにくい食品・調味料です。

　ただ、アルコール成分を含む食品・料理を飲食するか否かの判断は、ブタの場合と同様、ムスリムによって個人差が大きいといえます。飲酒をせずハラール認証を取得している料理しか口にしないムスリムもいれば、発酵食品や酒精を使用した程度の食品なら気にせず食べるムスリム、あるいは飲酒を憚らないムスリムもいるのです。

●消毒用アルコールは使えるのか？

　アルコール成分でもう一つ問題となるのは、アルコール消毒の是非です。アルコールは殺菌力が非常に高いため、食器や調理器具、従事者の身体を清潔に保つためには、たいへん役に立ちます。しかし、これらからアルコールが洗い落とされず、飲食物に付着してムスリムの口に入る可能性があります。これもアルコール成分の摂取禁止に抵触すると考えるハラール認証団体もあります。

　調理器具や食器などに対するアルコール消毒以外の方法としては、一つは熱湯を用いた煮沸消毒があります。そしてもう一つが、電解水（次亜塩素酸水）を用いた消毒です。これは食塩水を電気分解することによって生成される水で、消毒用エタノールと同等の殺菌力があります。2000年代にノロウイルス対策として注目された電解水ですが、アルコールを使用しないため、従事者の身体的負担を軽減するとともに、ムスリム対応としての有用性にも関心が高まっています。

Q67 イスラームに基づく屠畜とはどのように行われるのですか？

A ハラールの動物でも適切な屠畜が施されていなければ肉はハラールにはなりません。

ウシやヒツジのように、飲食が禁止されていない家畜であっても、シャリーアに従って適切に屠畜されていなければ、ハラールにはなりません。屠畜場を対象とするハラール認証もあるほど、屠畜は重要なプロセスです。

●適切な屠畜とはどのようなものか

　ウシやニワトリなどは、ブタやイヌとは異なりハラールである動物です。しかしながらハラール認証によれば、その肉はイスラームに基づいて適切に屠畜されたものしか、認証を取得することはできません。

　定められた方法で屠畜されていない肉や死肉（人が屠ったのではなく、見つけた時点で死んでいた動物の肉）は、たとえウシやニワトリであってもハラールではありません。

　マレーシアの認証基準は、屠畜場のための規定が定められています。これによると、①担当者は心身ともに健全なムスリムであり、動物愛護の精神を理解していること、②喉仏の下の部分を切開し、気管、食道、頚動脈、頚静脈を切断すること、③屠畜の際にはアラビア語で「偉大なるアッラーの御名

において、アッラーは偉大なり」「慈悲あまねく慈愛深きアッラーの御名において」と唱えられること、④動物の頭をメッカの方向に向けることが推奨される、⑤スタニング（気絶処理）は推奨されないが、それを行う際には電気や水槽など定められた方法を用いること、⑥屠畜のための道具や施設はハラールの動物とそうではない動物とで兼用しないこと、などが定められています。

●ハラールの食肉には国内産と国外産がある

　飲食店がムスリム対応をした肉料理を提供する場合は、ハラール認証を取得している肉をどのように入手するかがカギとなります。入手の方法としては、海外の屠畜場で処理され輸入された肉を入手する方法と、国内の屠畜場で処理された肉を入手する方法があります。

　海外からの輸入ですが、牛肉や鶏肉の主要な輸出国であるオーストラリアやブラジル、アルゼンチン産の一部が、ハラール認証を取得しています。いずれの国もイスラーム諸国への輸出がさかんであることに加え、国内ムスリム人口もそれぞれ数十万人規模で居住しており、国内需要も見込まれるため、屠畜場がハラール認証を取得しているわけです。

　他方、日本国内で処理されたハラール肉の入手ですが、近年は主要な食肉牛の生産地を中心に屠畜場が整備され、国内外のハラール認証を取得する動きが起きています。

　実際、すでに認証を取得した屠畜場と、計画中の屠畜場が、それぞれ数カ所あります。ただこの動きは、高級和牛を中東湾岸諸国に輸出することを念頭に置いているものが中心のようです。

　以上の点を鑑み、外国産と国内産のどのハラールの食肉を食材として使用するか、検討する必要があるでしょう。

Q68 食品添加物については何に気をつければいいですか？

ハラムの成分が入っていないかに注意しましょう。E番号を見れば、ハラールか否かがわかります。

食品添加物は、原材料や生成過程でハラムのものを使用しているかが問題となります。EUが定めているE番号（E Number）に対しては、各ハラール認証団体がハラールかハラムであるかの見解を示しているので、使用の判断基準にすることができます。

● **食品添加物とハラール**

　食品添加物とは、食品衛生法によれば「食品の製造の過程において又は食品の加工若しくは保存の目的で、食品に添加、混和、浸潤その他の方法によって使用する物」（第4条2）を指し、具体的には、①食品の色を整える着色料や漂白剤、②味を整える甘味料や調味料、③形状を整える増粘剤や膨張剤、などがあります。飲食店では、添加物を含む加工食品や調味料を使用することで、提供する料理の中にこれらが含まれることになります。

　食品添加物は、定められた用法・分量での使用であれば人体には有害ではありませんが、アルコール成分やブタ由来成分、あるいはその他のハラムのものから製造されているものが中にはあります。そのため、ムスリムからは

図表 7-3 各ハラール認証団体からハラムの可能性が指摘されている食品添加物

E番号	添加物	用途	理由
E120	コチニール、カルミン酸	着色料	昆虫由来成分含有の可能性
E441	ゼラチン	増粘安定剤	ブタ由来成分含有の可能性
E542	リン酸カルシウム	固化防止剤	ブタ由来成分含有の可能性
E904	シェラック	光沢剤	昆虫由来成分含有の可能性
E422	グリセロール	甘味料	昆虫由来成分含有の可能性
E470～483	各種	乳化剤	ブタ由来成分含有の可能性

出典：各資料をもとに筆者作成

回避されており、ハラール認証を与えていない認証団体もあります。なお、菜食主義者であるベジタリアンやヴィーガンの中にも、動物や昆虫由来の添加物の使用を好まない人びとがいます。

●E番号でハラールかハラムかがわかる

　食品添加物は各国で規制されていますが、EUでは添加物ごとにE番号と呼ばれる3桁ないし4桁の数値が割り当てられています。加工食品などの成分表示欄にはこの数値が記載されますが、各国語での表記は煩雑で消費者が混乱するため、番号制が採用されたようです。E番号は、EUで製造された食品だけでなく、EU向けに製造された各国の輸出品にも記載されていることがあります。

　図表7-3は、ハラムの成分から製造されている可能性があると、各国のハラール認証団体が指摘している食品添加物の一覧です。これらの食品添加物を含む食品がハラール認証を取得することは、原則としてありません。飲食店でムスリム対応する際には、これらの添加物を使用している輸入食品の使用に注意が必要です。

Q69 ハラール認証を取得した食材はどこで手に入りますか？

近年は日本でも入手しやすくなってきています。

ムスリム対応を行う場合、ハラール認証された肉類や、ブタ由来成分やアルコール由来成分を排除した食材・調味料の入手が必要となります。どのような商品があり、どのようにして入手するかが重要となりますが、食材・調味料によって状況や入手方法は異なります。

● 食材・調味料別の状況

　まず、ハラールとして適切に屠畜処理された牛肉や鶏肉などの肉類ですが、日本国内にはハラールでの処理が可能な屠畜場が数カ所あります。ただ、国内需要を賄える規模ではないため、輸入品の使用が中心となるでしょう。オーストラリアやブラジルなど、ハラールの食肉の輸出を行う国があります。ハラール認証団体が発行する認定証や商品パッケージのロゴを確認することで、ハラールか否かがわかります。

　二つ目は、甘辛いサンバル・ソースやサテー用のピーナッツ・ソースなど、各国の調味料や加工食品です。これらもハラール認証を受けた輸入品を使用することになります。現地で人気の食材・調味料をうまく活用することで、

新しい味付けの料理を作り出すことができます。

　そして三つ目は、日本発祥である醤油や味噌などの調味料や海苔などの加工食品ですが、これらはハラール認証の取得が遅れている分野です。ただ近年は、日本のメーカーがハラール認証を取得する例が増えています。特に、東南アジア等の現地で製造した商品を日本に逆輸出する例もあります。さらに、外国企業が日本風の醤油や海苔を製造、認証を取得しているケースも散見されます。

●ハラール食材の入手方法

　ハラールである食材・調味料の情報収集と入手方法は、輸入品か国産品か、あるいは少量購入か大量購入かによっても異なります。

　輸入品ですが、まずは輸入食材を扱う小売店であたりをつけるのがよいでしょう。特にハラール認証を取得している商品は、モスクなどムスリムが集まる場所周辺の小売店で扱っていることが多いといえます。外国人オーナーに現地事情や調理方法のアドバイスを受けてもいいかもしれません。

　国内外の通販サイトや専門の卸売業者・商社を通じて購入することもできます。また、視察を兼ねて、定期的に現地に買いつけに行く方法もあります。

　国産品の場合は、どのような食材・調味料があるのかを確認する必要があります。その方法の一つが、ハラール認証団体に確認を取るというもので、認証を与えた商品の一覧をウェブサイトで掲載している場合もあります。

　また、検索サイトなどでメディアに掲載された情報を確認するという方法もあります。地方の食品メーカーの海外展開は注目を集めるために報道される機会も多く、サイト上でも探しやすいといえるでしょう。どのようなハラールの商品が存在するかがわかった場合は、当該メーカーに直接問い合わせるか、卸業者や小売店を通じて商品を仕入れるとよいでしょう。

Q70 調理器具や食器について注意すべき点はありますか？

ムスリム対応したものと、そうでないものの兼用は避けましょう。

Q64とQ65ではブタ由来成分、Q66ではアルコール由来成分についてそれぞれ見てきましたが、ここでは食器やカトラリーについて、より具体的な対応方法を見てみましょう。

● **調理器具の対応**

　調理器具に関するムスリム対応として気をつけるべきことは、次の3点です。まず、刷毛などブタ由来の素材を使った調理器具を使用しないことです。刷毛は、食材にオイルや調味料を塗布したり、あるいは調理機械を清掃したりと調理場で活躍しますが、ブタの毛を使った刷毛は、多くのハラール認証団体で禁止されています。

　2点目は、消毒・殺菌ではアルコール由来成分ものは使用しないことです。煮沸消毒ができない調理器具や食器、あるいはスタッフの手洗いの際に、消毒用エタノールなどアルコール成分を含むものが使用されるケースがあります。これも、多くのハラール認証団体で使用を禁止しています。消毒は行わないわけにはいかないので、代わりに消毒用エタノールと同じ効果が期待できる電解水を用いるのが適切です。

そして3点目は、交差汚染を避けることです。ムスリム対応のメニューのほかに、一般客のための通常メニューを提供している飲食店では、調理器具の兼用によって交差汚染が発生する可能性があります。これを避けるため、認証団体の多くがハラール用とノン・ハラール用とで厨房を分けたり、壁などで物理的に隔てることを求めています。ここまでの対応が困難な場合は、それぞれ専用の調理器具を準備しましょう。

●食器・カトラリーの対応

　カトラリーとは、ナイフ、フォーク、スプーン、トングなどのことで、一般的には洋食で使用する金属製のものを指しますが、本書ではプラスチックや陶器などほかの素材のものや、日本食で使用される箸や匙、レンゲなど、食事の際に使用するもの全般を指すこととします。

　食器やカトラリーは、調理器具と同様、①ブタやアルコール由来の素材で作られたものは使用しない、②ムスリム対応料理と未対応料理とで兼用しない、③アルコール消毒ではなく煮沸消毒や電解水での消毒を行う、などに注意が必要です。

　調理器具以上に注意が必要なのが②です。食器やカトラリーは、客の目の前に出されて使用されます。ムスリムの客から「自分に出されたお皿やコップに、ブタ肉やお酒が付着しているのではないか」との疑念を抱かれますので、兼用は避けるべきです。

　兼用していないことを示す方法として、ハラールの料理用とノン・ハラールの料理用の食器・カトラリーについて、それぞれ色や形を分ける方法があります。見た目の違いは、客はもちろんスタッフによる取り違いを未然に防ぐことにも役立ちます。あるいは、割り箸、紙・プラスチック製のコップ、皿など使い捨てのものを使用することも効果的です。見た目は味気ないものになりますが、リスクを避けるためには適切な措置です。

第8章

飲食店の対応②
接客と業態別の対応

Q71 外国人ムスリム観光客にはどのような料理を提供すればいいのでしょうか？

使用できない食材や調味料をどのようにフォローするかが重要です。

飲食店におけるムスリム対応のうち最も重要なのが、ブタ由来成分やアルコール由来成分を含む食材や調味料を使用していない料理を提供することです。ただしその場合、代わりに何を使用するか、味付けをどう工夫するかも同様に重要です。メニューごとに試行錯誤が必要です。

●食材を変える

　せっかく当地に足を運んでくれた観光客に対し、地元の旬の食材を美味しく味わってもらいたいと思うのは、自然なことです。ただ、外国人ムスリム観光客にとって旅先での食事は、観光体験であると同時に信仰実践でもあります。このバランスが上手くとれた料理を提供できるよう、心掛けたいものです。

　取り組み可能なムスリム対応としては、まずはブタやアルコールなど、ハラムであるものを主たる食材から外すことが考えられます。ただ、豚の角煮や豚骨ラーメンなど、ブタ由来成分を中心に据えた料理にとっては、この措置は料理の本質に関わります。このような料理は、ムスリム向けのメニュー

から外すしかないでしょう。

　他方、ハラムの食材がメインではない料理は、他の食材で代替可能になります。たとえばカレーや餃子、野菜炒めなどは、ブタ肉の代わりに鶏肉や牛肉を用いても成り立ちます。したがって、代替食材を使用した料理の開発・提供が、ムスリム対応といえるでしょう。

●調味料を変える

　ムスリム対応を徹底するならば、食材だけでなく調味料の変更も要します。日本料理の場合は、味付けに必要な調味料の多くは、発酵食品であったり酒精を用いています。たとえば醤油、味噌、味醂、酢などはアルコール成分を含んでおりハラール認証は困難ですが、近年では国内外のメーカーが、ハラール認証を取得した商品を開発しました。したがってムスリム対応としては、①ハラールでない調味料は使用しない、②アルコール成分を含んでいないか、ハラール認証を取得している調味料を使用する、③塩や砂糖など別の調味料を使用する、といった手段があります。

　食材や調味料の変更は、同時に料理の味や食感などを変えてしまう可能性もあります。特に繊細な味わいが重要な日本料理にとっては、無視できないポイントです。そこでカギとなるのが、既存のアルコール成分入りの調味料を使用せずに、使用したのと同じ味を作り出す調理方法の確立です。

　たとえば、豚肉エキスの代わりに魚介類を使用することで味を再現する試みも行われています。ただ、このような代替の調味料を用いた日本料理の調理方法が確立しているとはいえません。再現された調味料の味はどうか、ほかの具材との相性はどうかなどについて、料理によっては大きな差が出てきてしまいます。したがって、「○○が使えなければ××を使えばよい」と単純にいえるわけではありません。そのため、飲食店やメニューごとに創意工夫をすることが必要となってくるわけです。

味付けに工夫は必要ですか？

イスラームの問題には関連しませんが、出身国ごとに味の好みに傾向があります。

ムスリムにとって、食材や調味料がハラールかハラムかは重要な点である一方、ハラールであるかぎりは何を食べてもかまいません。ただし、私たちと同様、食材や味付けの嗜好には、個人差や地域差があります。同じ宗教の信徒だからといって、味の好みまで皆同じというわけではありません。

●脂っこくて濃い味が好まれる

　食材や味付けの好みの形成には、さまざまな要因が影響しています。性別や年齢、信条、健康状態・健康志向とともに、生まれ育った土地での経験、「肉は金持ちの食べ物、野菜は貧しい者の食べ物」などといった認識などの違いが、国や地域による味の好みの違いを生みます。

　農林水産業・地域の活力創造本部は、2016年に「国・地域別の農林水産物・食品の輸出拡大戦略」を発表、各国の味覚・嗜好上の特徴を示しています。このうち、中東・東南アジア諸国のムスリムを中心にまとめたのが図表8-1です。国ごとに特徴は異なりますが、日本人と比べて①濃い味付けを好み薄味は好まない、②「甘い」「辛い」は好むが「酸っぱい」「しょっぱい」は好

図表 8-1 中東・東南アジア諸国の味覚、嗜好上の特徴

国・地域	特徴
シンガポール	・塩辛い、酸っぱい、薄味、あっさり味は苦手 ・基本的に味付けが濃い、スパイシーなもの、甘いものを好む
マレーシア	・中華系は鶏肉を好み、ムスリムも牛肉よりは鶏肉を好む者が多い ・甘いものや色彩が派手な食品が好まれる傾向
ブルネイ	・甘い物、油の多い物を好む者が多く、食育の概念や栄養バランスを考えた食事についての理解が低いことから、成人病（肥満、糖尿病）の罹患率も高い
インドネシア	・味が濃い、または強いものを好む ・味付けにとうがらしを多用する ・甘いものであればより甘く、辛いものであればより辛いものが好まれる ・酸味はあまり得意ではない。酢が効いたドレッシング等は好まれない
タイ	・野菜を生で食べる習慣あり ・甘み、辛味、酸味などはっきりした味が好まれ、薄い味、塩辛いものは好まれない
フィリピン	・味付けは基本的に濃いものが好まれる ・薬味として酸味、辛味を利用する場合が多い
中東	・味は濃い、甘い、油っぽいものを好む傾向がある ・肥満や糖尿病の人が多く、健康志向が高まる。健康・機能性食品のニーズも高まっている
エジプト	・食に対しては非常に保守的で新しいものにチャレンジしない傾向

出典：農林水産業・地域の活力創造本部（2016年）「国・地域別の農林水産物・食品の輸出拡大戦略」

まない、③肉や脂っこいものを好む、④健康志向が低く栄養バランスが取れていない、といった傾向があります。

●「天ぷらにチリ・ソース」といったバリエーションもアリ

　Q71で挙げたムスリム対応として、ハラムの食材や調味料をハラールのものに替える際は、もともとの味を再現するのではなく、外国人ムスリム観光客の好みの味に調理することも考えられます。あるいは、特徴的な味付けを行わない代わりに、各国の調味料を提供して自分の好みに味を調節してもら

う方法もあります。

　たとえば天ぷらや串揚げに対して、ハラール認証取得済の醬油、チリ・ソース、サンバル・ソース、ピーナッツ・ソースなどから選んでもらう、というやり方です。

　料理を提供する側には、「この料理は、このように味わってほしい」という思い入れがあるのは当然ですが、食材・調味料の宗教上の適切性や味覚の嗜好の違いもまた、確かに存在します。誰もが楽しく満足できる食事ができるよう取り組んでいきましょう。

●食材の好みにも地域差が現れる

　日本の食材の中には、日本人が想像している以上にイスラーム諸国に普及しているものもあります。その典型例がコメでしょう。1993年のいわゆるタイ米騒動で広く知られるようになりましたが、コメには粘り気があって短いジャポニカ米と、パサついた長目のインディカ米の2種類があります。それぞれ適正があるため、長所を活かした料理に使用するのが最も美味しい食べ方です。

　中東や東南アジアではインディカ米が主流ですが、現地の日本食レストランでは、日本産やオーストラリア産などの日本米が普及しており、ローカルの人びとに「日本食の一部」として親しまれています。そのため、日本のホテルのビュッフェがムスリムに無理にあわせようとして、「長粒米のおにぎり」などといったものを提供する必要はありません。もちろん、ムスリムの間にも好みはありますが、日本にやってくる観光客の中には「日本で本場の日本米を試してみたい」と楽しみにしている者もいるでしょう。

　もちろん、ジャポニカ米とインディカ米それぞれの料理があれば、外国人ムスリム観光客はもちろん、日本人客も興味を持つことでしょう。

Q73 店舗内で注意すべき点はありますか？

座席や店内掲示物、介助犬、BGM などは注意が必要です。

ムスリム対応の対象は、料理や食器、調理器具だけではありません。店舗内の運営にも気を配りましょう。特に注意すべきは、①座席、②店内の掲示物、③介助犬の扱い、④店内の BGM、の4点です。

●女性の顔を隠す「ニカーブ」を外せる環境を作ろう

　湾岸諸国を中心に、「ニカーブ」と呼ばれる、目以外の顔を隠す布を着用するムスリム女性がいます。これは、夫、父親、兄弟、息子など家族以外の男性の前で顔を隠すためのものですが、外出時に顔を隠しながら食事をすることはたいへんな困難を伴います。また、人前でものを食べることに羞恥心を覚えるムスリム女性もいます。

　ニカーブを外せる環境作りとしては、異性の目が届かない女性用・家族用の個室が設けることですが、衝立で座席を覆うだけでも十分です。東南アジア各国のハラール認証基準では、これらの設置は義務化されてはいませんが、衝立を置く飲食店は増えています。

ニカーブを着用したムスリム女性　©creative commons

●水着のポスターはNG！

　かつてビール会社が、水着姿のイメージガールがビアジョッキを持ったポスターを作成し、居酒屋などに配布していました。しかしこれは、ムスリムが見れば極めて性的で不快感を催すものです。ほかにも、雑誌やテレビ番組などでは、水着や入浴中の女性が散見されます。近年のセクシャル・ハラスメントへの認識に従えば、性的な描写のあるものを人の目のつくところへ置くことへの不適切さは、容易に理解できるでしょう。

●介助犬の扱いも重要：イヌはブタと同じ

　イヌは、ブタと同様、避けるべき動物[1]とされており、イヌに嫌悪感を持つムスリムはとても多くいます。そこで問題となるのが、盲導犬などの介助犬の扱いです。ムスリム自身が介助犬を用いる事例は稀ですが、外国人観光

---

[1] ただし、番犬や狩猟犬など使役動物としてのイヌの有用性は認められています。実際、一部のイスラーム諸国では、麻薬探知犬や爆発物探知犬が使役されています。

客が、イスラーム諸国へ介助犬を伴って旅行し、飲食店を訪れる可能性はあります。

ハラール・レストランが介助犬を連れた客を受け入れられるかどうかは、東南アジアのハラール認証団体の間でも判断が分かれています。マレーシアのJAKIMは、介助犬も含めてペットの連れ込みを禁じています。他方、シンガポールのMUISは、介助犬の居場所を作るなど一定の条件を満たせば容認しています。「障害者とムスリムのどちらを優先するか」という狭隘な議論に陥るのではない解決策を検討する時期はやがて訪れるでしょう。

●BGMとして不適切なミュージシャンもいる

注意すべき4点目は、BGMです。お店の方針にあわせた音楽を流すことは、雰囲気作りに大いに貢献します。しかしながら、欧米のミュージシャンの中には、イスラーム諸国で反感を買っている者もいます。

有名な例がレディー・ガガでしょう。日本では人気の彼女も、その楽曲や言動、特にセクシャルな舞台衣裳、ドラッグへの発言をめぐり、一部の保守的なムスリム層から批判的な目が向けられています。2012年にインドネシアでコンサートを行うと発表したところ、同国のイスラーム団体がデモを繰り広げるなど激しく反発、政府もコンサートの安全を確保できないとして実施許可を下さず、コンサートは中止を余儀なくされました。

お隣のマレーシアでも、ビヨンセ（2007年）やエリカ・バドゥ（2012年）らのコンサートが中止となったことがあります。いずれも、「退廃的」「反イスラーム的」などの理由で、過激なイスラーム勢力から批判を受けました。

音楽自体はイスラームでも禁止されているわけではありませんし、音楽を聴いたり演奏することを楽しみとするムスリムも大勢います。ただ、特に欧米のミュージシャンの中には、パフォーマンス内容がイスラームの価値観に反するとして嫌悪されています。選曲には注意が必要でしょう。

店内表示・メニューはどのように行えば
よいですか？　各国語表示は必須ですか？

ムスリム対応の内容を日本語と英語で、
併記することから始めましょう。

飲食店がどのような料理を提供しているか、いかなるムスリム対応を行っているのかについて、店外の看板や店内掲示、メニューなどで表記することは、入店や料理選びの判断材料となります。重要なのは、①何を伝えるか、②どのように適切に伝えるか、の2点です。

● ムスリム対応の詳細を表示しよう

　外国人ムスリム観光客に伝えるべきことは、どのようなムスリム対応を行っているかという点です。①ムスリム対応のメニュー、②厨房や食器、カトラリー等の区別、③店内でのアルコールの提供、④男女の席の区別や礼拝スペースの提供など料理以外の対応の状況、を外国人ムスリム観光客は知りたがっています。

　店舗の対応を知り、外国人ムスリム観光客が納得して利用する場合もあれば、入店しないこともあります。また、「このような対応をしてくれ」という要望が出されることも予想されます。可能であれば柔軟に対応し、困難であれば「対応できない」と正直に伝えるべきです。

問題なのは、ムスリムへの対応ができないことよりも、事実とは異なる情報を伝えることです。店側が原因で、外国人ムスリム観光客にイスラームの禁忌を犯させてしまうと、トラブルを招くおそれがあります。リスクを避けるためにも、「行っている／行える」ムスリム対応を、早いタイミングで適切に伝えられる手段を取りましょう。

●「必要な情報」を「必要な場所」で提供する

　ムスリム対応の内容を、どのようにして適切に外国人ムスリム観光客に伝えるかが課題となります。その際に「必要な情報」を「必要な場所」で提供することが重要です。

　たとえば、店外の看板には、「ムスリム対応できます」と記し、入店できるかどうかの判断に必要な情報を提供しましょう。そして店内では前記の①から④の対応内容を掲示しましょう。客に提示するメニューには、どの料理でどのようなムスリム対応がなされているかを記載するか、あるいは外国人ムスリム観光客用のメニューを用意すべきでしょう。「ブタ肉料理ではありません」「ブタやアルコール由来の添加物は使用していません」などのように、詳細に記しましょう。

　その際に使用する言語ですが、まずは日本語と英語の併記から始めましょう。英語ならば、東南アジアからのムスリム観光客の多くが読めますし、日本語を併記すれば、同行している日本人が各国語に翻訳してくれる可能性もあります。マレーシア語やインドネシア語、アラビア語などでの記載があればより親切ですが、オンラインでの自動翻訳による不正確な表記はかえって混乱を招きかねません。また、文字ではなくイラストやピクトグラムを使用してもかまいません。さらに、店員がムスリム対応を口頭で説明するのも、重要な情報提供の方法です。この場合も、日本語と英語の双方でコミュニケーションが取れるようにしましょう。

Q75 ムスリム対応の料理を日本人に提供してもかまいませんか？

かまいません。ブタやアルコール成分を含まない料理を好む日本人もいます。

飲食店がハラール認証団体からハラール認証を取得した場合、あるいは認証取得には至らないまでも提供する料理についてムスリム対応を行っている場合、その料理を日本人客に提供しても、イスラームの視点から見てまったく問題ありません。一方、日本人客からすれば、健康志向やアレルギーを持つ人にとっては好ましく映ります。このようにムスリム対応は外国人ムスリム観光客のみならず、新しい顧客の開拓にもつながります。

●日本人からみたムスリム対応

　日本でもハラールに関するメディア報道が増え、食とハラールに対する関心や知識が広まりつつありますが、しかしそれは依然として十分とはいえません。そのため、ハラールの食品や料理に対して、特殊な食材を使用していたり、独特の祈祷を捧げて作られたものと誤解をしている人も少なくないようです。また、ハラールの料理はイスラームに結びついているため、特定の信仰を持つ日本人にとっては、「そのようなものを口にすることは自身の信仰に反する行為ではないか」という懸念を持たれることもあります。

繰り返しになりますが、ムスリム対応とは、イスラームの法規範によって口にできない特定の食材等を排除して調理することです。宗教に反する要因を排除したものであって、宗教的なものを付与することではありません。ムスリムでない客から提供する料理に懸念を持たれた場合は、ムスリム対応として具体的に何を行っているのかについてきちんと説明するとよいでしょう。店側による説明という情報提供と、それに基づく客側の判断が重要であることは、外国人ムスリム観光客と同様です。

●アレルギーとアルコール・ハラスメントに効果的

　一方、アレルギーへの対応も昨今では重要な課題です。厚生労働省は、アレルギー反応を引き起こす可能性がある7品目の表示義務と、20品目の表示推奨を定めています。このうち、ブタは表示推奨に指定されていますが、残念ながらアルコールはその対象ではありません。

　それにもかかわらず、アルコールついては、アルコール・アレルギー（アルコール過敏症、不耐症）が問題になっています。飲酒はもちろん、酒精に反応する人もいます。ムスリム対応では、酒精を含まない食材を使用するため、ムスリムでなくともアレルギーを持つ人にとっては安心して食事を楽しめます。また国内でムスリム対応を行っている飲食店の中には、もともとアレルギーを引き起こすような添加物を使用しない自然派料理の店もあります。したがって、添加物を避けることが結果的にムスリム対応につながったわけです。

　ムスリム対応によってアルコールが提供されないことによるもう一つの利点は、アルコール・ハラスメントが発生しない点です。お酌の強要や、泥酔して周りに迷惑をかける行為を「アルコール・ハラスメント」と呼びますが、近年はこの問題が大きく顕在化しています。しかし、ムスリム対応でお酒を提供しなければ、ハラスメントは起きません。ムスリム対応によって、健全な食事をできる場が提供されたわけです。

Q76 日本人客向けに別途アルコール飲料やブタ肉料理を提供してもかまいませんか？

A 可能ですが、その旨を外国人ムスリム観光客に告知しましょう。

外国人ムスリム観光客と日本人のような非ムスリムの客を分けた上で、前者にはムスリム対応の料理を、後者にはブタ肉料理やお酒を提供する、というやり方は、それ自体は問題ありません。ただ、ムスリムの間でも許容範囲が異なるため、誤解が生じないよう事前の説明が必須です。

●ムスリム対応料理と非対応料理を提供する場合

　一つの飲食店でムスリム対応料理と非対応料理の両方を提供する際に気をつけるべき点は、それぞれの食材の混在や、料理のとり違いの発生を避けることです。
　たとえば、①ムスリム対応料理にベーコンを使用した、②ムスリムに対して酒精を含んだ味噌汁を提供した、③ブタ肉を切った包丁やまな板をムスリム対応料理にも使用した、④非ムスリム対応料理用の食器やカトラリーをムスリム向け料理に使った、などの事態が想定されます。
　これらのトラブルを招かないためには、両者に関連するすべてのものを厳密に区別する必要があります。③と④は、Q70で触れたように比較的容易で

すが、①と②については、徹底するならば厨房を別々に分けるのが理想です。ただ設備やコストの都合上困難ならば、冷蔵庫や棚などを分けたり、調理工程を工夫することで、食材の混在を避けましょう。

●ムスリムからの誤解を避けることが重要

　Q26などで触れたように、ムスリムの中にも、ブタ肉を使用した料理の中から自分でブタ肉を取り除いて食べる者もいる一方、主たる食材としてブタやアルコールを使用していない料理しか食べない者、添加物にも注意する者、調理器具や食器、カトラリーまで気にする者、ハラール認証を取得している料理しか口にしない者など、個人差があります。

　また、自分が口にしないだけでなく、店内で飲酒をしている者がいることに不快感を催すムスリムもいます。店側が上記のような対応を徹底していたとしても、隣の日本人客が飲酒していれば、「この料理は本当にムスリム対応しているのか？」と不信感を抱かれ、場合によっては「騙された」と思い込み、食事の途中で席を立つ恐れもあります。

　こうした誤解は、店側とムスリム側との認識のずれによって発生します。トラブルを発生させないためには、事前のコミュニケーションが必要です。「ムスリム対応の料理はありますが、非ムスリム向けにブタ肉料理やアルコールの提供を行っています」「厨房は分かれていませんが、調理器具や食器は分けています」といった事実を、来店時に適切に伝えましょう。それを受け入れられない外国人ムスリム観光客については、ビジネスチャンスを逃すことになるものの、食事を始めた後で気づいてトラブルに発展するリスクを避けるには効果的です。

　いずれにしても、認識のずれが発生しないよう、最大限の努力を払うべきでしょう。

Q77 誤ってムスリムにブタ肉料理を出してしまいました。どうすればよいですか？

A 事実を伝えて謝罪するなど、誠実に対処しましょう。

飲食店によるムスリム対応をリスク・マネジメントの観点から見れば、外国人ムスリム観光客が利用できなくなる要因をいかに排除するかという問題と、それでもなお店側の原因によって、外国人ムスリム観光客の宗教的タブーを犯す事態を招いてしまった場合、どのように対処すべきかという問題に分けて考えることができます。

●まずは誠実に謝罪しよう

　誤って外国人ムスリム観光客にムスリム対応ではない料理を提供してしまう可能性は、排除できません。①言葉がわからなかった、②注文を聞き間違えた、③注文とは違う料理を出した、④食材や調味料を間違えて調理した、⑤調理器具や食器を取り違えた、⑤ハラールの食材だと思って仕入れたら実はハラールではなかった、などさまざまな原因が考えられます。
　このような事実が発覚した場合は、必ず外国人ムスリム観光客に伝え、誠実に謝罪すべきです。店側が知らぬ存ぜぬを押し通しても、後に本人に伝われば、感情的なもつれは深まり、結果としてより大きなトラブルに発展して

しまいます。

　なお、Q64で触れたように、本人が意図せずにブタやアルコール成分を口にした場合は、体を7回洗浄（うち6回は水、1回は砂）すれば罪が贖われます。ただ、「嫌なものを食わされた」「騙された」「外国人差別だ」といった憤りは簡単には消えないでしょう。

●店の悪評がSNSで拡散しないために

　このような問題は、近年日本でも発生しています。東京入国管理局横浜支局において、収容中の外国人ムスリムに対して、本人からの事前の申し出があったにもかかわらず、ブタ肉入りの弁当を出す出来事が、2015年と2016年に続けて発生しました。

　退去強制手続きのための収容のさなか、食に対する選択肢のない状況で起きたトラブルです。管理局側は謝罪したものの、本人たちは納得せず、数週間にわたるハンガー・ストライキにまで発展しました。

　イスラームの問題とは関係なく、収容された外国人が待遇改善のためハンストを行った事例は過去にもあるため、この点は差し引いて考える必要はあります。ただ、ブタ肉を食べることへの嫌悪感を示す事例と見なすことはできるでしょう。

　また、イスラームとは直接関係ありませんが、2016年に大阪の寿司屋が韓国人観光客に対して、わさびを過剰に盛りつける出来事がありました。この出来事は、SNSを通じて韓国と日本の双方で知れわたることになり、運営会社は謝罪に追い込まれました。

　店の悪評は、今やインターネットを通じて世界中に拡散していきます。外国人ムスリム観光客への不誠実な対応は、ムスリムの間で共有されます。ムスリム対応の不徹底による問題発生の未然防止と、問題発生時の対処方法は、慎重に検討すべき課題です。

Q78 レストラン・チェーンで注意すべき点はありますか？

セントラルキッチンと各店舗の双方で注意が必要です。

ファストフード店やファミリーレストランなどのレストラン・チェーンによるムスリム対応の実施は、海外でも見られます。セントラルキッチンと各店舗とでは行う作業が異なるため、それぞれに注意が必要です。チェーン店がこの分野に力を入れることで、ムスリム対応の飲食店は一気に増えますが、失敗した場合の影響もまた大きなものとなります。

●セントラルキッチンと各店舗の対応の違い

　レストラン・チェーンが客に提供する料理は、セントラルキッチンと各店舗の2段階で調理されます。セントラルキッチンの役割は、メニューに応じた食材の仕入れと調理、各店舗への配送です。そのため、メニューや食材にブタやアルコールを使用しないよう細心の注意が必要です。特に大規模チェーンほど大量に仕入れを行うため、ハラールの食材・調味料の安定的な確保が課題です。

　各店舗の役割は、配送された食品に解凍・加熱処理等を施し、皿に盛りつけて客に提供することです。このとき、調理器具や食器、カトラリーなどが、

ムスリム対応用とそうでないものと兼用しないよう注意が必要です。

ムスリム対応の内容自体は、個人経営の飲食店もレストラン・チェーンも同じです。ただ、調理に携わるスタッフの人数はチェーンの方が圧倒的に多いため、対応マニュアルの作成やスタッフ教育の徹底など、チェーンならではの注意が必要です。

●東南アジアでのリスク事例

マレーシアでは、マクドナルドやピザハット、スターバックスなど世界的なレストラン・チェーンが、ハラール認証を取得しています。

JAKIMによれば、チェーン展開するレストランは、すべての店舗でハラール認証を取得をしなければなりません。「○○支店はハラール、××支店はノン・ハラール」では、客が混乱するからです。

その結果、各チェーン店がすべて認証を取得したことで、国内のハラール・レストランは飛躍的に増加しました。

ただ、レストラン・チェーンは店舗数が多い分、トラブルが発生した場合の影響もまた大きくなります。同国のファミリーレストランであるシークレット・レシピが、2015年にセントラルキッチンを新築した際にハラール認証の更新申請をJAKIMに行ったところ、設備の不備を指摘されハラール認証が失効しました。シークレット・レシピは、指摘された点を改善し、2ヵ月後に再申請したところ、認証を再度取得することができました。しかし、認証が失効していた2ヵ月間、全店舗のメニュー表から広告に至るまで、すべてのハラール・ロゴを抹消せざるをえず、多額の費用が発生することとなってしまいました。

ムスリム対応を行う場合、このようなリスクはたえず存在します。マレーシアの国内企業であってもトラブルを引き起こすがあることを認識しておくべきでしょう。

Q79 仕出し弁当やケータリングで注意すべき点はありますか？

A 飲食店と同様の注意が必要ですが、成功の秘訣はメニューの多様性です。

家庭や会社などに配送される仕出し弁当やケータリングでも、ムスリム対応を行うことは可能です。食材の調達や調理の際に注意すべき点は飲食店と同じですが、食べるタイミングや場所を考慮してメニューのバリエーションを検討すると、外国人ムスリムに喜ばれるでしょう。

●仕出し弁当やケータリングが用いられる場面

　ムスリム対応の仕出し弁当やケータリングが必要とされるのは、どのような場面なのか想像してみましょう。
　仕出し弁当であれば、研修にやってきた外国人ムスリムが研修所内で一斉に食事をする、ケータリングならば、会社を訪問してきた取引先の外国人ムスリムをもてなすため社内の会議室で食事をする、といった状況が思い浮かびます。
　仕出し弁当やケータリングが飲食店と異なる点として、①特定のグループが数日間にわたり継続的に利用する、②ムスリムだけでなく日本人も同時に消費する、③注文時に打ち合わせを行うことで、出身国や好みなどの情報を

把握できる、④事前情報や料金に応じてメニューや味付けなどの変更ができる、といったことが挙げられます。

●毎日食べるものだからメニューに工夫を

　筆者は以前、研究のため来日したマレーシア人ムスリムの研究者をアテンドしたことがあるのですが、外出先での昼食のためムスリム対応のインドカレー屋に入店しようとしたところ、「毎日カレーばかりで飽きてしまったので、たまには違う料理のレストランを紹介してくれ」といわれたことがありました。

　いかにムスリム対応の料理とはいえ、毎日同じものばかり食べて続けているとやがて飽きてしまうのは、誰しも同じことです。

　会議や研修で来日した外国人ムスリムが研修所で毎日食べるお弁当で飽きがこないよう、弁当屋はメニューにバリエーションをつけることに心がけた方が喜ばれるでしょう。もちろん、毎日店頭に一定数を並べる必要はなく、事前に注文が入った時点で対応するのでかまいません。

　ケータリングも、利用者に合わせた柔軟な対応で顧客のニーズをつかむことができます。ムスリム向けのケータリングを手掛けるある会社では、外国人ムスリムと日本人が一緒に参加するパーティーを想定して、ムスリム対応の筑前煮やこんにゃく料理などをメニューに加えています。海外ではあまり知られていない日本料理を、日本人が目の前でおいしそうに食べている姿を見て、外国人ムスリムも思わず手をつけてみるそうです。

　食事は栄養補給であると同時に、ムスリムにとっては信仰を実践する行為です。加えて、外国人にとっては異文化体験でもあります。外国人ムスリムと日本人が楽しく食事をできるようなメニュー作りが、お弁当やケータリングに求められています。

Q80 フードコートで注意すべき点はありますか？

A ムスリム対応と非対応のものが混在しやすいため、注意が必要です。

フードコートは、中央の客席の周りに複数の飲食店が配置されているのが一般的な形式で、ショッピングモールでよく見られます。飲食店ごとのムスリム対応の注意点については、これまで述べてきたことと同じですが、フードコート全体の運営にあたっては別の配慮が必要となります。

●混在によるトラブルが発生するリスクは高い

　フードコートの理想的なあり方は、出店しているすべての飲食店でムスリム対応を取ることです。しかし扱う料理の内容や店舗ごとの方針により、一つのフードコート内にムスリム対応の飲食店と非対応の飲食店とが混在することは、現在の日本では十分ありえます。

　フードコート内でムスリム対応の飲食店とそうでない飲食店が混在する場合、各店舗の配置を無秩序に行うと、外国人ムスリム観光客にとってどの飲食店がムスリム対応なのか判別しにくいというデメリットが発生します。

　また、①食材の搬入口は兼用、②食器やカトラリー、トレイは全店舗共通、③食器等の返却口が1カ所しかない、といった状況だと、ブタやアルコール

由来の成分の交差汚染が発生する余地が生じてきてしまいます。

●店舗の配置や色分けで対処

　フードコートにおけるムスリム対応店舗と非対応店舗の混在は、マレーシアやシンガポールでも見られる現象です。こうした問題に対しては、次のような対応が取られています。
　飲食店の配置は、入口から見て左側をハラール・セクション、右側をノン・ハラール・セクションに分けています。両者を明確に区分することで客の混乱を避けています。また、ナイフやスプーン、箸などは、色分けした上でそれぞれのセクションで配布することにより、間違った使用を避けています。
　食器等の返却場所も、ハラール用とノン・ハラール用に分けることで、交差汚染を避けています。もし間違えた場所に返却された場合は、その食器等は今後ハラール用には使用しないという対応を取っています。

シンガポールのフードコートの食器返却棚。
ハラールとそうでないものを分けている

第 9 章

宿泊施設の対応

宿泊施設におけるムスリム対応では何を行えばいいですか？

ムスリム対応の基準に合致した適切な設備とその運営が中心となります。

ホテル、旅館、ゲストハウス、あるいは民宿・民泊などでは、来日した外国人ムスリム観光客が、イスラームに反することなく安心して寝泊りして過ごせる環境の整備が求められています。その内容は、客室の対応と館内施設での対応とに分けて考えることができます。なお、本章では「宿泊施設」と表記しますが、「ムスリム留学生向けの学生寮」「ムスリム従業員の社員寮」や「研修所」においても、対応の内容は同じです。

●宿泊施設のムスリム対応

　ムスリムが自宅と同じようにイスラームを実践できるよう、宿泊施設におけるムスリム対応の必要性が高まったのは、ムスリムの旅行客数が増加した近年の傾向です。マレーシアでも、宿泊施設のムスリム対応の基準である「MS2160：2015」が制定されたのは2015年で、飲食分野の認証が1970年代に開始されたのと比較すれば、まだ日の浅い動きです。
　宿泊施設のための認証基準の制定が遅れた理由として、基準制定の根拠となるクルアーンやハディースには宿泊施設に関する記述が乏しいことや、宿

泊施設に対するイスラームの視点からの議論がこれまで積極的には行われてこなかった点が指摘できます。また、宿泊施設は建設費用が高額であるため、既存施設に大幅な改修を求めるような認証基準では、制度が普及しない恐れがあります。そのため、ある程度現状肯定的な基準とならざるをえない側面もあったようです。

しかし現在は、マレーシアやインドネシアをはじめ、国内外のハラール認証団体が宿泊施設に関する認証基準を示しており、認証制度が普及しつつあります。

●館内施設と客室の対応

宿泊施設におけるムスリム対応は、テナントやプール、ジム、ボール・ルーム（パーティー会場）など館内施設における対応と、各客室での対応とに大別できます。

館内施設の対応は、宿泊施設全体を通じて取り組むべき対応であるのに対し、客室の対応は、全客室で一律に実施するのが理想ですが、特定階をムスリム宿泊客専用階とし、その階でのみ対応を行うことも可能です。

客室のムスリム対応とは、客室内で礼拝ができるための配慮、ミニバーからのアルコールの撤去、アダルト・チャンネルの視聴をできなくする設定、ブタやアルコール由来成分を使用していないアメニティー・グッズの提供などを指します。

他方、館内施設の対応とは、バーやパブのようなイスラームに反するビジネスを行うテナントの排除、人体をかたどった美術品や調度品の撤去、ジムやプールが男女別となるような運営などが挙げられます。

また、ムスリム宿泊客への便宜として、宿泊施設周辺のモスクや礼拝スペース、ムスリム対応している飲食店や土産物店を記した地図を配布したり、礼拝時間を掲示すると喜ばれるでしょう。

客室の運営で注意すべき点は何ですか？

イスラームを実践できる客室づくりを心がけましょう。

宿泊施設におけるムスリム対応の柱の一つが、客室での各種の配慮です。自宅と同じく客室でもイスラームを実践できるような対応が必要です。すべての客室でムスリム対応を実施するのが理想ですが、利用者の割合や費用対効果を考慮して、特定の階のみ外国人ムスリム宿泊客専用とする対応でもかまわないでしょう。

●イスラームが実践できる客室づくり

　客室のムスリム対応とは、イスラームの実践に必要な設備の設置と、イスラームに反する備品の排除です。詳細は本章で触れていきますが、前者としては、礼拝に必要なマットやメッカの方向を示すマークである「キブラ」などの設置（Q84）で、後者はミニバーのアルコール飲料、ブタやアルコール由来成分を用いたアメニティー・グッズなどの排除が挙げられます。
　また、トイレやベッドなど客室の配置に配慮すること（Q85）が必要となる場合もあります。
　客室のムスリム対応は、可能であればすべての客室で等しく実施するのが理想です。しかし、日本人客をはじめ非ムスリム宿泊客の利用が多いなど、

全客室での対応が困難であれば、外国人ムスリム宿泊客対応フロアを設け、まずはその範囲で対応を始めましょう。

対応可能な範囲が増えれば、男性ムスリム客用、女性ムスリム客用、家族連れムスリム客用などでフロアを使い分けることも考えられます。男女別という点では、イスラーム諸国には、未婚の男女が同室で宿泊することを禁じるホテルもあります（Q90）。

●どこまで対応できるか

ムスリム対応の客室設置に伴い生じる問題の例として、ムスリムではない宿泊客が客室にアルコール飲料を持ち込んだ場合の対処を考えてみましょう（Q87）。これは、禁煙室で喫煙する宿泊客への対応という問題に類似しています。

欧米のホテルでは、実際に喫煙者に清掃料などの名目で違約金を科す事例が増えてきていますが、日本では宿泊客への手荷物チェックなどは行わず、宿泊客の良識に依拠しているのが現状です。

イスラームに反する物品の客室への持ち込みに関しては、マレーシアでも2013年に問題が発生しました。クアラルンプール郊外のホテルが、ムスリム対応の一環だとしてエレベーターに「ハラール専用につき、ハラールでないものをお持ちのお客様は階段を使用してください」との掲示板を掲げたところ、華人を中心とする非ムスリムから大きな批判を受けました。

多文化共生のためのムスリム宿泊客への配慮が、かえって共生を阻む事態を招く可能性もあります。客室やフロアの分離は妥当だとしても、エレベーターと階段で宿泊客の扱いに差をつける対応は、不公平感を招きかねません。海外の事例やハラール認証団体が示す認証基準を踏まえながら、可能な範囲でムスリム対応を行いましょう。

ホテルに入居しているテナントに対して注意すべき点は何ですか？

イスラームにそぐわないビジネスはテナントの入居には好まれません。

ホテルのような大規模な宿泊施設の館内には、飲食店やバー、旅行代理店、花屋、土産物店、コンビニなどが店舗を構えています。イスラームに反する商品・サービスを提供するテナントが入居しているのは、ムスリム対応としては適切ではありません。

●イスラームにそぐわないビジネスとは

　イスラームにそぐわないビジネスとは、シャリーアが認めていない商品やサービスを扱うビジネスのことです。Q22で見たように、クルアーンには次の記述があります。

　「あなたがた信仰する者よ、誠に酒と賭矢、偶像と占い矢は、忌み嫌われる悪魔の業である。これを避けなさい。恐らくあなたがたは成功するであろう」［クルアーン5:90］。

　ムスリムは、これらを実践するだけでなく、これらを取り扱うビジネスに従事することも禁じられると解釈しています。この点を踏まえた宿泊施設のムスリム対応として、たとえムスリムが経営していないとしても、館内施設にこれらのビジネスを行うテナントの入居は避けるべきです。

具体的には、アルコールに関してはバーやパブ、ワインショップなどが、ギャンブルに関しては雀荘やパチンコ屋、宝くじ販売店などがこれに該当します。

　ほかにも、クルアーンの記述に基づいて考えると、いくつかのビジネスは、テナントとして入居するのが不適切だと考えられます。たとえば、ムスリム対応していない飲食店などは、ブタを扱う可能性があるため、不適切だと考えられています。また、衛生的であることを確保するため、ペットショップの入居も認められません。

●日本ではどこまで可能か

　しかし、現在の日本の状況を考えると、イスラームにそぐわない店舗をテナントから排除するのは、相当困難です。

　たとえば、Q31で取り上げたように、イスラームでは銀行利子は禁じられるとの解釈から、利子のないイスラーム銀行が生まれました。この点から見れば、利子がある日本の銀行はイスラームに反すると見なされ、宿泊施設内でのATMの設置は困難になります。ただ現実には、①宿泊客にとって利便性を欠く、②海外のイスラーム銀行のATMの設置が日本では不可能、という理由により、日本の銀行のATMの設置は問題ないとされています。しかしより厳密なムスリム対応を望むならば、この点についてもハラール認証団体に確認を取るべきでしょう。

　コンビニや土産物店など、小売店の品揃えにも注意が必要です。小売業というビジネス自体はイスラームに反することはありません。ただ、ブタ肉やアルコール、またはこれらを用いた加工食品を販売すると、イスラームに反すると見なされます。入居する業者に対しては、これらの商品の仕入れ・販売を行わないか、あるいは陳列する際はハラール・コーナーとノン・ハラール・コーナーをそれぞれ設けるよう、契約等で厳密に定めておくべきでしょう。

Q84 客室での礼拝の環境を整えるために準備すべきものは何ですか？

A キブラ（メッカの方向を示すマーク）と礼拝用マットを準備しましょう。

Q13で見たように、ムスリムが1日5回礼拝を行うことは、五つの義務的行為の一つです。それゆえ、旅行中であっても礼拝の実施は欠くことができません。礼拝には「クルアーン」「キブラ」「礼拝用マット」「水道施設」という4点の準備が必要です。

●クルアーンとキブラの準備

　外国人ムスリム宿泊客のスケジュールを鑑みれば、5回の礼拝のうち、少なくとも日の出前の朝の礼拝と日没後の夜の礼拝は、客室内で行うことになるでしょう。礼拝を行うには上記の4点が必要ですが、客室には洗面台が備えつけられているため、新規に必要となるものはクルアーンとキブラ、礼拝用マットの3点です。

　クルアーンは、日本語版は岩波文庫版などが入手可能ですが、各国語版は「amazon.com」などの通販サイトで購入できます。すべての客室に常備してもかまいませんし、冊数が揃わなければ、外国人ムスリム宿泊客がチェックインする際にフロントで貸し出す方式でもよいでしょう。

　キブラとは、サウジアラビアのメッカにあるカアバ神殿の方向のことで、

204　第2部 ● 外国人ムスリム観光客へのおもてなし

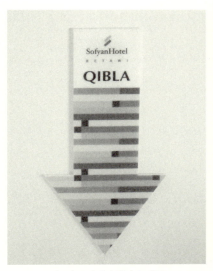
メッカの方向を示すキブラ

礼拝用マット。上部にはカアバ神殿が描かれている

ムスリムはこの方向に向かって礼拝を行います。キブラは矢印が多いですが、形状に決まりはなく、カアバ神殿をかたどったマークが用いられることもあります。掲示場所は、天井など目立たないところに貼るのが一般的です。

キブラを掲示するためにマッカの方向を知るには、キブラ・コンパスという専用の方位磁針が必要です。東南アジアでは数百円程度で販売していますが、日本でもインターネット通販サイトを通じて購入できます。また、スマートフォン用のアプリにキブラ・コンパスがあり、こちらは簡単に入手できます。

●礼拝用マットの準備

礼拝用マット[1]も、厳格な規定や商品規格などは特になく、幾何学模様や、カアバ神殿をデザイン化した模様などが描かれたもの一般的です。こちら

---

1 英語では prayer mat か prayer rug、アラビア語ではサジダないしはサジュダ（sajdah）、あるいはスジュード（sujud）と呼ばれています。

第9章 ● 宿泊施設の対応　　205

も、東南アジアでは1枚数百円から数万円程度、日本のインターネット通販サイトでは数千円ほどで購入できます。

すべての客室に礼拝用マットをクローゼットなどに備えつけておくのが望ましいですが、外国人ムスリム宿泊客がチェックインする際に、フロントにてクルアーンとともに手渡しするのでもよいでしょう。

客室内で礼拝するためには、メッカの方向に向かって礼拝用マットが敷けるだけのスペースが確保されている必要があります。客室が狭い場合、テーブルや椅子、ベッドを宿泊客自ら移動させることでスペースを確保できれば問題ないですが、難しいようであればQ86で触れているように、館内に礼拝スペースを設置しましょう。

●東南アジアのムスリム女性には礼拝衣裳も必要

クルアーン、キブラ、礼拝用マットに加えて、東南アジアのムスリム女性は、礼拝の際はテレコン（telekung）という独特の礼拝用衣裳を着用します。これは、シーツやテーブルクロスのような大きめの布でできた貫頭衣のようなもので、髪や体のラインをすっぽりと覆います。白やピンク、薄いグリーンなど柄のない、淡い色合いが好まれています。中東やアフリカのムスリム女性は着用しませんが、マレーシアやインドネシア、シンガポールのムスリム女性は好んで着用します。

テレコンは、他の礼拝用品と同様、日本でも徐々にではありますが購入可能となってきており（インターネット通販ならば輸入品で1万円程度）、ホテル側が準備してあれば重宝されます。ただ、礼拝用マットほどにはかさばらないことと、サイズやデザインに好みがあることから、多くの東南アジアからのムスリム女性たちは持参して訪日するはずです。準備のための優先度としては、キブラや礼拝用マットほど高くはありませんが、宿泊客からのニーズを見極めながら、購入を検討するのもいいでしょう。

テレビやアメニティグッズなど客室の備品にはどんな問題がありますか？

テレビのアダルトチャンネルやアルコール由来、ブタ由来のアメニティーグッズ、ベッドやトイレの配置などに気をつけましょう。

客室のムスリム対応としては、礼拝の環境やアルコール飲料以外にも注意すべき点があります。認証基準によっても異なりますが、①テレビのチャンネル、②アメニティー・グッズ、③客室内の配置、などについて注意を必要とする場合もあります。

● **アダルトチャンネルは NG！**

　客室の有料チャンネルの中には、アダルト・チャンネルがあります。たとえ有料とはいえ、そのようなイスラームに反する番組が視聴可能な状態にあることに不快感を覚えるムスリムは、多くいます。ムスリム対応の客室では、アダルト・チャンネルやアダルト・ビデオが視聴できないよう、設定しておきましょう。

　またホテルによっては、アダルト・チャンネルとともに CNN や BBC、CCTV（中国中央電視台）など海外のチャンネルや映画のビデオ・オン・デマンドが、一つのパッケージとなっていることもあります。パッケージを

客室に備えられた礼拝関連のグッズ（インドネシア）

「アダルト・チャンネル専門」と「アダルト以外」に分ける設定を行いましょう。

●「アルコール由来」「ブタ由来」フリーのアメニティー・グッズを

　宿泊施設には、宿泊客の快適な宿泊のために、アメニティー・グッズや備えつけの消耗品が室内に設置されています。このうち、アルコール由来の成分とブタ由来の成分を含むものをムスリム宿泊客に提供するは、不適切です。

　アルコール由来成分を含む商品としては、シャンプーやリンス、マウス・ウォッシュ、歯磨き粉、手指用消毒剤などを指します。

　他方、ブタ由来成分を含むものとしては、歯ブラシやコラーゲンを含む石

鹸や化粧水などがあります。
　近年は、アルコール・フリーの商品やブタ以外のものからコラーゲンを抽出した商品が、出回るようになってきています。ムスリム対応の客室ではそのような商品を入手して、用いましょう。

●ベッドやトイレなど客室内の配置も重要

　マレーシアの認証基準である「MS2610：2015」では規定されていませんが、一部のイスラーム法学者は、客室内の配置について適切さを求めています。一つはベッドの配置で、利用客が就寝時に足がメッカの方向に向くのは不適切だと主張しています。
　もう一つはトイレで、同じくメッカの方向に向かって用を足すような大便器と小便器の配置は不適切だとしています。
　これらは、宿泊施設にとっては改築が必要となりかねない大きな要求ですが、それゆえに認証取得の必須条件とはなっていません。ただ、このような点に関心があるムスリムもいるということは、心に留めておく必要があるかもしれません。

Q86 館内施設での礼拝に関してどのような用意が必要ですか？

A 礼拝スペースの常設が理想ですが仮設でもかまいません。

客室に礼拝用マットを敷く場所が確保できない場合や、会議室やボール・ルーム（パーティー会場）の利用客が礼拝を行う場合は、宿泊施設内に礼拝スペースを設けましょう。専用の礼拝室を常設するのが理想ですが、利用者数に応じて臨時にスペースを増やすなど、柔軟に対応しましょう。

●必要なものの準備

　ムスリムの礼拝のために専用の礼拝スペースを提供することは、よりよいムスリム対応としては重要です。必要なものは、Q84で触れたように、客室の場合と同じく、クルアーン、キブラ、礼拝用マット、水道設備です。このうち礼拝用マットは、複数のムスリムが横並びで礼拝できるよう、あらかじめ並べておきましょう。

　問題は、礼拝前に手足を清めるための水道施設です。客室内ならば洗面台が併設されているので大丈夫ですが、会議室や倉庫として使用していた部屋を礼拝スペースに転換する場合は、新たに水道設備を敷設する必要が生まれます。それが困難な場合は、礼拝スペースをトイレの近くに設定し、そこを

羽田空港国際線ターミナルの祈祷室

利用してもらう方法が考えられます。ただしその場合は、ムスリムが濡れたまま移動することで廊下が水浸しになる可能性もあるため、足拭き用のタオルやマットを準備するなどの対策が必要となります。

●常設か仮設か

　礼拝スペースは、宿泊施設内に常設することが望ましいですが、施設内に余分なスペースがない場合や、大規模な会議の開催などにより、常設スペースの定員を超える利用が予想される場合は、空いている部屋やスペースを一時的に活用するのがよいでしょう。特にホテルの場合では、空室からベッド等を撤去することで、臨時の礼拝スペースに転用できます。
　礼拝は、男女別々に行うのが原則です。男性用と女性用の二つの礼拝スペースを準備するのが理想的ですが、難しければスペースを衝立で仕切ったり、時間帯によって利用者を分ける方法もあります。

宿泊施設内でアルコール飲料を提供する場合、何に留意すればいいですか？

 基本的には、館内でのアルコール飲料の提供はNGです。

アルコール飲料に関するムスリム対応とは、館内や客室でのアルコールの提供を行わないことです。そのため、廊下の自販機や客室のミニバーからのアルコールの撤去が必要となります。それがむずかしい場合は、ムスリム宿泊客専用フロアーから着手しましょう。東南アジアには、宿泊客が施設内へのアルコール飲料の持ち込みを禁じているホテルもあります。

●館内施設での対応

　施設によるムスリム対応としては、館内でアルコール飲料を提供しないことが望ましいです。Q83で見たように、バーやパブ等をテナントとして入居させないことや、テナント入居している飲食店やコンビニ、土産物屋等でアルコール飲料を提供しないことが、具体的な対応として考えられます。
　また、意外に見落としがちなのが自動販売機です。ロビーや各階に自動販売機が設置されていればたいへん便利ですが、安易にアルコール飲料が購入できる環境は、外国人ムスリム宿泊客にとってはイスラームに適さない状況に映ります。すべての自動販売機にて、アルコール飲料の販売を中止するの

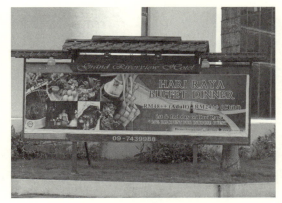

ラマダーン月の日没後のブッフェ（マレーシア）

が理想ですが、まずはムスリム宿泊客専用フロアーの自動販売機からアルコール飲料の撤去から始めていきましょう。

● 客室での対応

　同じくアルコール飲料に関する客室のムスリム対応は、ミニバーからのアルコール飲料の扱いです。ミニバーとは、客室内の冷蔵庫にあらかじめ飲料などが備えつけてあり、宿泊客が飲食するのに応じて料金が発生するシステムです。ムスリムが宿泊する客室では、あらかじめ冷蔵庫からアルコール飲料を撤去しておきましょう。

　以上のようなムスリム対応は、宿泊施設の取り組みに加え、テナント企業の協力によって達成できるものです。しかし宿泊施設は飲食店とは異なり、いくら施設側が注意を払っても、利用客がイスラームに反するものを持ち込み使用することで、施設のムスリム対応が損なわれる可能性があります。

　そのような事態が起きないよう、ムスリム対応の客室には非ムスリム客の利用を避けるか、利用させる際にはアルコール飲料の持ち込みを控えるよう、強く依頼する必要があるでしょう。

会議室やプールなどの館内の施設・備品に関して気をつけなければならないことは何ですか？

男女別の利用への配慮や、イスラームにそぐわない美術品などの撤去を心がけましょう。

会議室やプールなどが、館内に併設されている宿泊施設は多いです。これらを利用する外国人ムスリム観光客のための対応が必要です。また、館内や客室内に設置されている美術品や飾りつけも、イスラームにそぐわないものは展示すべきではないでしょう。

●館内施設の運営は男女別を心がけよう

　宿泊施設が運営する館内の施設には、宿泊客が利用するプールやジム、宿泊客だけでなく外部からの客も利用する会議室やボール・ルーム（パーティー会場）などがあります。これらについて、ムスリム対応が必要となります。その際の第一のポイントは、男女別での利用が可能となる環境作りを心かけることです。

　プールやジムの利用者は、肌が露わな服装を着用します。異性の前では抵抗を覚えるムスリムもいるため、男女が同時にジムやプールを使用するのは避けた方がよいでしょう。男性専用と女性専用のジムを併設するのが理想ですが、コスト等で困難な場合は、時間帯によって利用者を分けましょう。あ

るいは、衝立等で内部を仕切るのでもかまいません。インストラクターや指導員も、利用客と同性のスタッフが担当しましょう。

　宿泊施設で開催される会議やパーティーに、男女がともに出席するのは珍しいことではありません。しかし、会議や式典で出席者がともに食事を行う場面では、注意が必要です。Q73で触れたように、ニカーブを着用した女性でも安心して食事ができるよう、衝立を準備しておきましょう。また、会議やパーティーの出席者が数百人以上の規模となり、宿泊施設にある常設の礼拝室に入りきれなくなる場合は、臨時の礼拝室をボール・ルームのそばに設置することで、施設内の混乱が緩和できるでしょう。

●他宗教や人体をモチーフにした美術品などはNG

　宿泊施設では雰囲気を演出するため、宿泊施設内や客室内に美術品を設置したり、飾りつけを施しています。しかし、イスラームにそぐわない美術品や飾りつけは好まれません。

　では、「イスラームにそぐわない美術品や飾りつけ」とは何でしょうか。それは、一つにはイスラーム以外の宗教に関連するものです。ムスリム対応を謳いながら、クリスマス・ツリーや春節の真っ赤なランタンが施設内にあれば、違和感を覚えるムスリムもいるはずです。ただしこの点は、マレーシアの「MS1500：2009」の飲食店のハラール認証では禁じているものの、旅行の認証基準である「MS2610：2015」には、明確な禁止規定はありません。他宗教にとって重要な時期に宿泊施設を利用したムスリム宿泊客に対しては、説明を行った方が誤解は避けられるでしょう。

　もう一つは、人体をかたどった彫刻や人物を描いた絵画です。たとえ宗教的な作品ではないとしても、これらがイスラームにとっては偶像崇拝ととらえられかねません。誤解を招かないよう、このような美術品は撤去しておきましょう。なお、人体が描かれない風景画や抽象画は問題ありません。

Q89 外国人ムスリム観光客は風呂に入浴しますか？

温泉への関心はありますが、大浴場は好まれません。

温泉は、外国人観光客にとって「日本に行ってみたい」と思わせる魅力的な観光資源の一つです。しかしながら、イスラームの教義や入浴に関する東南アジアの認識により、外国人ムスリム観光客は、ほかの外国人観光客や日本人観光客とは異なる行動を取ります。この点を踏まえた対応を取るように心がけましょう。

● 「裸を晒さない」のがムスリムの習慣

　日本政策投資銀行が2013年と2015年に東アジア4カ国・地域と東南アジア4カ国で行った日本への観光に関するアンケート調査によれば、温泉への認知度やイメージは総じて高いという結果が出ました。他方、入浴体験については、ムスリムが多いインドネシアやマレーシアの観光客は、他国の観光客とは異なり、「温泉には入らなかった」「旅館の大浴場には入らなかった」という行動を取りがちです。

　このような傾向には、二つの背景があると考えられます。一つはイスラームの教義に基づくもので、陰部は同性相手であっても人前では見せてはならないものと認識されています。また、そのように幼少期から躾けられている

ため、人前で裸になることは宗教意識だけではなく羞恥心も感じるようになっています。

　もう一つの理由は、東南アジアにおける入浴の習慣です。マレーシアやインドネシアでは、「マンディ（mandi）」と呼ばれる水浴びの習慣があります。これは、熱帯の東南アジアにあって体をクールダウンさせる目的で冷水を浴びる行為です。

　この習慣があるため、温泉のような熱い湯船に体ごと浸かることに、違和感を覚える人たちが少なくありません。

●大浴場と内風呂では対応が違う

　では、上記の点を踏まえて、ムスリムでも安心して入浴できるための大浴場の環境の整備はどうしたらよいでしょうか。まずは、陰部を晒さなくてもすむように、入浴時は水着着用をとすべきでしょう。もちろん、混浴は不適切です。

　設備については、浴槽に浸からなくても楽しめるよう、打たせ湯や足湯などを充実させる方法もあります。あるいは、温泉を内風呂に供給することで、大浴場に入らずとも温泉を体験できる工夫も必要でしょう。

　他方、客室の内風呂については、個々人で入浴するため、混浴や他人の前で肌を露わにする心配がありません。内風呂の設備や構造に関するハラール認証基準は、一般的には存在しません。ただ、一部のハラール認証団体の中には、シャワーは固定式のものだけではなく、手持ち式のものを備えつけていることを求めています。

　いずれにしても、この分野への取り組みは、まだ始まったばかり。外国人ムスリム宿泊客の反応を見ながら、適切なあり方を模索する必要があるでしょう。

Q90 従業員はどのような接客を心がけるべきですか？

A 従業員と宿泊客が、客室で男女2人きりになることは避けてください。

宿泊施設にはフロント、ベルパーソン、ハウスキーパー、コンシェルジュなどさまざまなスタッフがいます。気を使うべき点は、基本的にQ57と同じですが、宿泊施設ならでは注意点としては、従業員と宿泊客が客室で男女2人きりになる状況を作らないことです。

●全般的な注意点

　Q57では、レストランのフロアー担当者を例に外国人ムスリム観光客への適切な接客方法を挙げましたが、宿泊施設のスタッフにも同じことがいえます。すなわち、自らの宿泊施設でのムスリム対応の内容を把握し、利用客に正しく説明する知識が必要です。

　ムスリムの利用客がフロントでシャンプーの成分を尋ねたり、ハウスキーパーにプールの女性客用の時間帯を聞く可能性はあるので、サービス内容をすべてのスタッフで共有すべきです。

　宿泊施設では、飲食店に比べてムスリム対応の対象範囲が広くなっています。語学力に不安がある場合には、飲食店と同様、Q74で見たように、館内

施設や客室内の各所に案内やピクトグラムを掲示しておいた方がわかりやすいでしょう。また、ムスリム対応の内容をまとめた一覧表を用意しておき、チェックインの際に手渡すのも効果的です。

●男女同室は厳禁！

　宿泊施設特有の問題としては、従業員と宿泊客が客室内で男女2人きりになることです。イスラーム諸国では、夫婦、親子、兄弟姉妹などの家族関係にない男女が室内で2人きりになるのは、不貞な行為と見なされます。
　UAEやモロッコなどのイスラーム諸国では、未婚の男女が同室に宿泊することは処罰の対象です。インドネシアやマレーシアのホテルでも、未婚の男女の同室宿泊は断ることが各社のウェブサイトに明記されています。
　もっとも、このような規定は中国やベトナムにも存在しており、イスラームだけが特殊というわけではないようです。
　問題は、ムスリム自らがこの規範に違反する場合です。日本では、未婚の男女の同室宿泊は法律上も社会通念上も許容されているため、予約の拒否や住民票の提出を求めるのは困難ですが、「未婚のムスリムの男女の同室宿泊はご遠慮ください」とウェブサイト上に掲載するのは可能です。
　男女同室のもう一つ問題点は、宿泊客と授業員の関係です。男性のベルパーソンが、ムスリム女性客の荷物を運んだ際に客室で2人きりになってしまったり、女性のハウスキーパーが、ムスリム男性客がいる客室で鉢合わせになってしまう可能性が考えられます。不貞の気持ちがなくとも、男女が一つの部屋で一緒になることは、結果的に禁忌を犯しています。
　このような過ちが起きないようにするためには、①客室内が不在であるか確認する、②宿泊客と同性のスタッフが対応する、③スタッフは複数名で行動する、などの対策が必要です。

Q91 周辺施設との関係はどのようにすればいいでしょうか？

A 飲食店や土産物店、モスクの情報等を収集して提供しましょう。

外国人ムスリム観光客にとって宿泊施設は、日本滞在期間中の生活拠点です。しかし、初めて訪れた土地は不慣れです。飲食店や土産物店、モスクなど、周辺施設の情報を提供すると喜ばれるでしょう。そのため宿泊施設側では、地元の情報の収集し、地図などを作成することが必要となります。

●周辺施設の情報として必要とされるものは何か

　外国人ムスリム観光客が必要とする情報は、一般的な情報とムスリムならではの情報とに分けることができます。一般的な情報とは、主要な観光スポット、駅やバス停、トイレ、飲食店、土産物店、銀行・ATM、フリーWI-FIなどの情報です。

　これらに加えてムスリムが必要とする情報は、イスラームの実践に関連するものです。

　まずは食事に関することで、「どこの飲食店がムスリム対応を行っているか」「ムスリム対応を行っている持ち帰り弁当はあるか」などの情報です。

　次は小売店に関する情報で、ムスリム対応している飲食物や土産物がどこ

で販売されているかを、外国人ムスリム観光客は知りたがっています。

　そしてもう一つは礼拝に関する情報です。宿泊施設の周辺にあるモスク、あるいは商業施設に併設されている礼拝スペースの場所がわかれば、どういうコースをめぐって観光し、いつ礼拝を行うかといった1日のスケジュールが立てやすくなるでしょう。

　礼拝に関しては、礼拝時間もムスリムにとって重要な情報です。ただしこれは日の出と日の入りの時間によって決定されるため、毎日変化します。Q34で解説したように、「1日5回の礼拝」をサポートするアプリもあるので、これを利用して礼拝時間の情報を提供するのもよいでしょう。

●情報収集とその提供は顧客拡大のカギ

　収集した各種の情報は、地図上に示したり、住所や電話番号、URLの一覧表などにするとわかりやすいでしょう。チラシやリーフレットの形で配布すれば、外国人ムスリム観光客にとっては便利です。

　このような配布物は、地域の取り組みによって作成されるのが理想的です。たとえば、Q45で見たように自治体や、観光協会などが作成すれば、より網羅的で見栄えのよいものとなるでしょう。

　もしそれが困難であれば、宿泊施設が地域の主導的立場に立って作成するのがよいでしょう。事業者が外国人ムスリム観光客を顧客として取り込みたいと思うならば、滞在している宿泊施設において広報を行うのが一番効率的です。

　効率的な情報収集とその提供には、単に宿泊施設から宿泊客への便宜の提供だけでなく、情報提供者の組織化や周辺施設との密なる意思疎通も必要となるでしょう。

Q92 海外で参考となる事例はありますか？

マレーシアでイスラームに基づく独自の サービスを行っているホテルがあります。

マレーシアには、イスラームに基づく独自のサービスを提供しているホテルがあり、たびたび地元のメディアでも取り上げられています。そのホテルのユニークなサービスは、日本で実践することは困難ですが、サービス業であるホテルがどのように宗教実践を提供しているかを学ぶことができます。注目すべき事例といえるでしょう。

● デ・パルマ・ホテルの実践

クアラルンプールの東部アンパン・ポイント地区にあるデ・パルマ・ホテル（De Palma Hotel）は、イスラームに基づいた独自のサービスを提供していることで知られているホテルです。その中でも特徴的なのは、イマーム（イスラーム指導者）と提携した各種のサービスです。

ホテル内の会議室で会議や商談が行われる際は、イマームが会議の冒頭で、その会議が成功するよう祈祷（Doa）を捧げます。ホテル内の礼拝所では毎日、イマームによるイスラームの勉強会が開催され、宿泊客なら誰でも参加できます。さらにロビーでは、イマームがコンシェルジュのように常駐

し、いろいろな相談に応じてくれます。
　また客室では、キブラや礼拝用マット、クルアーンが常備されており、テレビではクルアーンを24時間放映しているチャンネルを視聴することもできます。

●どこまでムスリム対応をすべきか

　本書でいうムスリム対応とは、商品やサービスからイスラームに反する要因を可能なかぎり排除することを指します。これに対して同ホテルは、イマームがいることでよりイスラーム的な要因が付与されたサービスを提供しています。
　日本の宿泊施設がこのようなイスラームに基づいたサービスを提供するためには、イマームの協力を得なければならず、相当な困難が伴います。また、このようなサービスの提供は宿泊施設の本来業務といえるのかどうか、議論の余地もあります。そのため、マレーシアであっても珍しいサービスを行うホテルとして注目されています。
　同ホテルのサービスが、イスラーム諸国のホテルの標準的サービスとなりうるかは、今後の宿泊客からのニーズ次第だといえるでしょう。

デ・パルマ・ホテル内の礼拝スペースを示す案内板

第 10 章

各種施設での対応

Q93 飲食店や宿泊施設以外にもムスリム対応が必要な施設はどこですか？

ムスリムが利用しうるすべての施設が対象となります。

ムスリム対応を行うべき事業者として、主に飲食店と宿泊施設を取り上げてきました。しかし今後、外国人ムスリム観光客の増加と日本国内での行動範囲の拡大に伴い、ムスリムが利用する可能性がある各種の施設でも、同様の対応が必要になってくるでしょう。

●ムスリム対応の必要性は全国に拡大

　ムスリム対応が必要な施設は、広義では、ムスリムが利用する可能性があるすべての施設を指します。日本において、外国人ムスリム観光客にとって必要不可欠である衣・食・住のうち、自宅から持参できる服についてはムスリム自身の問題といえます。しかし、食と住を提供する飲食店と宿泊施設においては、ホストである日本側のムスリム対応がまずは必要となっています。

　また、外国人ムスリム観光客の増加に伴い、日本での観光の対象や目的も拡大することが予想されます。そうした場合、美術館や遊園地、サッカー場や映画館などでの見学・観戦、ショッピング・モールや百貨店、土産物店などでの買い物、あるいは飛行機や鉄道、バスなどでの移動などが行われるよ

うになります。これらの施設でも、ムスリムが安心して利用できる体制作りが求められるようになっています。

さらに、これまで東京や大阪などの大都市に集中していた外国人ムスリム観光客が、近年では地方の観光地へも分散する傾向があります。たとえば、北海道でのスキーや富士山への登山を楽しむなど、訪問地の多様化が進んでいます。

逆に、受け入れる側でも、ムスリム対応を行うことで、誘客に繋げようとする地域もあります。したがってムスリム対応の必要性は、大都市圏だけではなく全国にあまねく高まっているといっていいでしょう。

●観光客と在留外国人の増加で必要となるムスリム対応

本書では、外国人ムスリム観光客とそれに対応する企業、事業者の関係に主眼を置いていますが、将来的に在留外国人ムスリムや日本人ムスリムが増加した場合は、観光関連産業のみならず幅広い産業でのムスリム対応が必要となってきます。たとえば医療や介護の分野では、ムスリム対応の医薬品や病院食、断食と食事の関係などが問題となるでしょう。また学校給食では、アレルギーを持つ子供と同じように、ムスリム対応の給食の提供が課題となります。ほかにも、一般企業におけるムスリム従業員のための福利厚生として、礼拝時間と礼拝スペースの確保を雇用条件に組み込む必要が出てくるなど、さまざまな場面でムスリム対応が必要となってきます。

各種の施設において、礼拝スペースの設置やイスラームに適った商品やサービス、環境の提供が行われていれば、彼ら／彼女らは安心して利用することができるはずです。あるいは、完璧な対応ができないまでも、店舗側が対応可能な範囲を表示することで、利用の際の重要な判断材料となります。

したがって本章では、飲食店と宿泊施設以外の施設で提供されるムスリム向けの商品やサービス、あるいは接客のあり方を検討していきます。

Q94 各種の施設に礼拝設備の設置は必要ですか？

礼拝設備の設置は外国人ムスリム観光客が長時間滞在する施設では必要でしょう。

外国人ムスリム観光客による日本での1日5回の礼拝のうち、朝と夜の礼拝は宿泊施設で、日中の礼拝は外出先で行うと思われます。彼ら／彼女らが訪問・滞在する可能性がある施設では、礼拝スペースの設置を検討してみましょう。

●礼拝スペースの設置が必要となる施設

　ムスリムにとっての義務的行為である礼拝を実践するにあたっては、①いつ行うか、②どこで行うか、が問題となります。①は、日の出前、正午すぎ、夕方、日没後、夜に行われます。具体的な時間は、日の出と日没の時間をもとに算出されるため、地域や時期によって異なります。また、厳密に上記の時間に行わなくてもよく、ある程度前後してもかまいません。

　他方②は、礼拝のための環境が整えられているモスクやムサッラ（礼拝スペース）といった、専用の礼拝場所で行うのが望ましいとされています。ただ、そのような場所が近くになければ、衝立などで区切った仮設の空間や物陰など人目のつかない場所で行われます。

　礼拝はこのような環境で行われるため、外国人ムスリム観光客は、日中に

ある程度の時間滞在する予定の施設に礼拝スペースがあることを望んでいます。具体的には、ショッピングモールや百貨店・デパート、博物館・美術館、スポーツ施設、遊園地、イベントが開催されるコンベンション・センターなどが想定されます。

観光客だけでなく在留外国人ムスリムが増加すれば、役所や市民ホール、学校、オフィスビルなどでも必要性が高まるでしょう。

また、人の往来がありなおかつある程度の時間滞在する必要がある場所として、空港、駅、港、バスターミナルなどでも礼拝スペースの設置が望まれます。

●増加する礼拝スペース

ムスリムが礼拝できる場所として具体的に必要となるものとしては、Q84やQ86で指摘したように、男女別で礼拝を行える十分な広さのスペースに加え、①クルアーン、②キブラ、③礼拝用マット、④手足を清めるための水道施設、です。これらをどのように準備するべきか、あるいは常設とするか仮設とするかなどの点についても、宿泊施設の場合と同様の対応方法を行えばよいでしょう。

東南アジアや中東では、上記の施設に礼拝スペースが設置されているのをよく見かけます。他方日本では、外国人ムスリム観光客を迎え入れる表玄関である成田空港や羽田空港、関西国際空港、千歳空港、那覇空港や東京駅などにおいては、礼拝スペースの整備が進んでいます。また、百貨店や家電量販店、ショッピングモールなどで、礼拝スペースを常設する商業施設も各地で徐々に増加しています。

このような対応をすすめているのは日本ばかりでなく、台湾や韓国など東アジア諸国でも同じです（Q100の写真）。

Q95 女性ムスリムに対してはどう接するべきでしょうか？

A 女性従業員が対応するのが理想です。

男女間の関係に対する考え方には、日本人とムスリムとでは異なります。日本人にとっては当たり前でも、ムスリム女性にはハラスメントだと感じられる行為もあります。特に、①肌や髪など隠している部位を男性の前であらわにすること、②室内で男女が2人きりになること、などに抵抗感があります。そのような状況を避けるためには、女性従業員が接客するのが適切です。

●女性が安心してヴェールを外すことのできる空間の確保

　Q73で触れたように、ムスリム女性は髪をヴェールで隠すほか、一部地域・宗派では顔もニカーブで隠しています。異性の目に触れないよう、これらを着用している彼女たちが、安心して外せるようなプライベート空間を提供できるよう、店舗側は工夫する必要があります。

　このような空間を提供するビジネスとして、飲食店やホテルが想定できますが、ほかにも洋服店や、エステ、美容院なども該当します。こうしたビジネスは、ヴェールやニカーブを外さないかぎりサービスが受けられないため、①接客するのは女性店員にすること、②店舗内外にいる男性の目が届かないよう衝立やカーテンで仕切る、といった対応が必要となってきます。

問題は病院です。ムスリム女性が旅行中に急に体調を崩して病院に担ぎ込まれる、ということが想定されます。その場合、本人やその家族（夫や父親など）が女性医師による診察を求め、男性医師を拒否する可能性があります。多くのイスラーム法学者は、急病の際はムスリム女性が男性医師から診察を受けることは問題ないとの見解を示していますが、中には拒否感を持つムスリム（特に夫側に）がいるのも確かです。

ムスリム女性専用の美容院（シンガポール）

医療行為は現世での生に関わりますが、シャリーアは生だけでなく、死後や来世をも司る規範です。緊急事態の状況下かもしれませんが、医療行為が後々トラブルを招いてしまう恐れもありますので、十分な確認が必要です。

●男女同室は厳禁

Q90では、ホテルの事例を取り上げて、男女が2人きりで同じ部屋にいることを避けるべきと指摘しました。このことは、どのようなビジネスの接客でも同様です。ムスリム女性客が男性の目を避けるため、単身で個室にいる場合、うっかり男性従業員やほかの男性客が入り込まないよう注意が必要です。もちろん、ムスリム男性客が1人でいる部屋に女性従業員が入らないよう注意することも同様です。

土産物として不適切な物品は何ですか?

イスラームの教義に反するものは不適切です。

観光客やビジネス・パートナー、あるいは仲よくなった外国人ムスリムに対し、感謝や友情の気持ちを込めてプレゼントや土産物を贈ることがあります。
しかしながら、イスラームへの理解を欠いていると、気持ちが正しく伝わらない可能性があります。特に①イスラームの教義に反する物、②イスラーム以外の宗教に関する物、は避けましょう。

●イスラームの教義に反する物はNG

プレゼントや土産物として手軽なものの代表格が飲食物です。しかし、第7~8章で見てきたように、飲食物はハラール認証などムスリム対応が求められています。そのため、土産物として飲食物を検討するならば、ハラール認証を取得しているか、せめてアルコールやブタ由来成分を使用していないことが明白であるものに限定しましょう。手作りの料理やお菓子も避けた方が無難です。

飲食物以外でイスラームの教義に反するものとしては、人形やポルノなどが該当します。人形は、イスラームでは偶像崇拝に繋がると見なされていま

す。

　具体的には、博多人形のような伝統的なものから、アニメや漫画のキャラクターのフィギュア、乳幼児用のおもちゃなどが含まれます。他方ポルノとは、女性のヌードだけではなく、水着姿までも含まれます。

　日本では、コンビニや駅のキヨスクなどで販売されている一般的な書籍・雑誌にもこうしたポルノと見なされる写真が掲載されていることがありますので、注意が必要です。

●他宗教に関する物もダメ

　土産物としてそぐわない物としてもう一つ挙げられるのが、イスラーム以外の宗教に関連する物です。十字架や数珠、御守やおみくじ、絵馬、破魔矢、干支など特定の宗教に由来するグッズや絵画、置物はもちろん、地域の伝説やいい伝えに関連したラッキーチャームやアクセサリーも、ムスリムへの土産物としては不適切です。

　日本では伝統的・地域的な商品として理解されている物品であっても、外国人から見れば日本の宗教に関連していると見なされることもあります。土産物の選択にあたっては、その由来を詳しく知るなどの慎重さが必要です。逆に、こうして調べた土産物の歴史的背景などを説明しながら手渡せれば、相手にとって印象深い土産物となるでしょう。

　このように、「せっかく日本に来てくれたのだから」と思って贈った土産やプレゼントが、イスラームにそぐわないために気持ちが伝わらないのは残念なことです。少し調べればわかることなので、その労を厭うことなく接しましょう。

Q97 小売店におけるムスリム対応を教えてください

イスラームの教義に反していない商品を仕入れて、わかりやすく陳列する工夫が必要です。

外国人ムスリム観光客が土産として購入したいのは、ハラールである物や、他の宗教に関連しない物です。スーパーマーケットや土産物店は、そのような商品を仕入れてわかりやすく陳列することを心がけましょう。

●まずは商品の仕入れから

　国内外のハラール認証団体から認証を取得した日本製の食品は、ここ数年来着実に増加しており、外国人ムスリム観光客にとっては環境が整いつつある状況です。小売店は、まずはどのようなムスリム対応の商品があり、いかに入荷が可能かを確認する必要があります。地産商品の中にハラール食品がある場合、地元の商工会議所や観光協会から情報が入力できるでしょう。あるいは、メーカーから自社のハラールの商品への売り込みがあるかもしれません。

　小売店によっては、日本全国の土産物を集めたり、多様な調味料や食材を全国から仕入れているケースもあります。全国各地のハラール食品の情報収

集は困難かもしれませんが、ハラール認証団体のウェブサイトやニュースサイトを通じてこれらの情報を収集することは可能です。

●わかりやすい陳列とハラール商品の紹介が重要

　小売店が外国人ムスリム観光客に対してハラール食品を仕入れるのは重要なことですが、加えて、それらの商品をどのように陳列するかも重要です。目当ての商品が売り場のどこにあるのかわからなければ、購入のしようがありません。

　また、彼ら／彼女らのほとんどが日本語を解さない点を考慮すれば、目立ちやすい場所にハラール食品を集めた専用コーナーを設置することでこうした問題が解決できます。

　すでに羽田空港国際線ターミナルの土産物店や、免税店大手のラオックスの一部店舗では、このようなハラール食品を集めた専用コーナーを設けています。

　外国人ムスリム観光客が土産購入時に抱く不満の一つが、商品パッケージに日本語の記載しかない点です。専用コーナーへの陳列や商品パッケージにハラール認証のロゴがあれば、ハラールであることを容易に確認できます。ただ、認証取得するほどの厳密さを求めない外国人ムスリム観光客もいます。この場合、成分表示を自分で確認することになりますが、英語や母国語の表記がなければそれを確認できず、結果として購入をあきらめざるをえません。

　この不満を解消するため、小売店がアルコール成分やブタ肉由来成分の有無をメーカーに確認し、その旨を店舗で表示するとよいでしょう。ハラール・コーナーの隣に「当店でメーカーに確認したポーク・フリー、アルコール・フリーの商品」コーナーを設置するか、外国人ムスリム観光客の求めに応じて従業員が成分表記を確認するなどの方法があります。

Q98 ムスリムは神社・仏閣や教会を訪れることができますか？

他宗教との関わり方は、ムスリムによって異なります。

著名な神社・仏閣や教会は、多くの観光客が集まる観光施設といえますが、本来はその宗教と信徒のための宗教施設です。異教徒による訪問とその受け入れは、その宗教の教義に基づきます。そのため、外国人ムスリム観光客を案内する際には、ムスリム本人だけでなく、受け入れ先にも事前に確認を取るべきでしょう。

●神社・仏閣などは観光施設か、宗教施設か

　東京の靖国神社や浅草寺、京都ならば八坂神社や金閣寺、長崎のカトリック浦上教会（浦上天主堂）など、神社仏閣や教会で外国人観光客の姿を目にするのは自然な光景となってきています。私たちは、観光客が集まっていること、歴史の授業やメディアを通じてお馴染みであること、周りに土産物店や出店が立ち並んでいることから、これらを観光施設であると認識してしまいがちです。

　もちろん、そのような側面があることも事実ですが、信者にとっては信仰を実践する場である宗教施設としての側面も保持しています。

　このような施設は、信者と観光客との間で扱いに差があるのが一般的で

す。たとえば、礼拝や勤行を行う場所・時間帯は信者のみが立ち入れるといった具合に、観光客には何らかの制限を加えています。イスラームのモスクにおいても、ムスリムのみが礼拝の時間での礼拝ホールの立ち入りが認められています。

信者以外の立ち入りをどこまで認めるかは、施設の管理団体や当該宗教の教義で異教徒をどう考えているかが反映します。そのため施設を訪れる者は、それぞれのルールに従う必要があります。

●外国人ムスリム観光客が訪問を希望した場合の対処

イスラームにおいては、アッラー以外の神を崇拝するのは非常に重い罪とされています。ただ、他宗教の施設を訪問することについては、判断が分かれています。そのため、神社仏閣や教会の敷地に立ち入ることを良しとしないムスリムもいれば、日本人の真似事として拍手を打ったり、仏像に手を合わせてみたりする外国人ムスリム観光客も見かけます。

また、建築物や併設の博物館・宝物館を見学するだけでも、十分記念になったと感じるでしょう。

他宗教との関わり方は、ムスリムによって異なります。そのため、これらの施設に了解なく立ち入らせるのは、ムスリム側と、施設側の双方からクレームが発生する可能性があります。

ツアーや団体旅行では、宗教関連施設の訪問を避けるか、あるいは敷地・建物内での見学は任意とすべきでしょう。

海外旅行は、訪問する側も受け入れる側も、文化や宗教が異なる人びとがお互いに理解を深める大きなきっかけとなります。宗教は、人間の価値観や生き方の根源を形成するものなので、神社仏閣や教会への訪問で相互理解がすすむことが望まれます。

エンターテインメント産業・施設はどのようなムスリム対応をすべきですか？

楽しむムスリムも多いので、適切なムスリム対応を整備しましょう。

映画館やライブハウス、テーマパークはイスラーム諸国にもあり、これらを楽しむムスリムも多くいます。外国人ムスリム観光客の中には、これらの施設に期待して訪日する人も少なくなく、ツアーに組み込まれることもあります。したがってこのような施設においても、礼拝スペースなどを設置することが重要です。

●東南アジアのエンターテインメント事情

　エンターテインメント産業は、東南アジアのイスラーム諸国でも花盛りです。マレーシアでは、2009年にテーマパークへの外資出資規制が撤廃され、レゴランド、サンリオ・ハローキティ・タウン、キッザニアなどが相次いで開業しました。インドネシアでは、AKB48の姉妹グループであるJKT48が2011年に結成され、ジャカルタの常設劇場にて定期公演を行っています。

　また、アニメや漫画、ゲーム、コスプレなど日本発のサブカルチャーへの関心も高く、総合イベントであるアニメ・フェスティバル・アジア（AFA）が2008年以来シンガポールやインドネシア、タイなどで開催されています。マレーシアでも、類似のイベントが国内各地で開催されています。

マレーシア・ジョホール州のレゴランド

●礼拝スペースの設置やハラール食の対応が必要

　このように、自国でエンターテインメントに慣れ親しんだ若い世代のムスリムが、日本でも同様の体験ができることを期待しています。近年、東南アジア発のムスリム観光客向けパッケージ・ツアーの中には、東京ディズニーランドやユニバーサル・スタジオ・ジャパンをコースに組み込んだものも登場しています。

　エンターテインメント産業の関連施設では、ムスリムの利用客が増えるにつれ、バリアフリーの一環としてムスリム対応への必要性が高まります。たとえば、マレーシアのレゴランドやキッザニアでは、館内に礼拝スペースが設けられており、レストランではハラール認証を取得した料理が提供されています。今後日本でも、同様の対応が求められていくことになるでしょう。

Q100 公共交通機関におけるムスリム対応はどのようになっていますか？

A 礼拝スペースの確保やムスリム対応の飲食店が望まれています。

空港や駅は、不特定多数の人びとが利用する施設です。礼拝スペースが設置されていれば、外国人ムスリム観光客は待ち時間を利用して信仰実践が果たせます。また飲食店のメニューや駅弁などで、ハラールの食事が用意されているのも理想的です。

●ほとんどの国際空港では礼拝スペースが設置

　国際空港は、訪日外国人観光客の大半が利用する施設です。待ち時間が長く、早朝・深夜の別なく利用されるため、常設の礼拝スペースは外国人ムスリム観光客にとってありがたい存在です。日本では、ほとんどの国際空港に礼拝スペースが設置されています。「場所がわかりにくい」「スペースが狭い」などの不満も聞かれるものの、このような取り組みはイスラーム諸国から評価されています。

　同じく鉄道の駅にも、礼拝スペースの設置が望まれています。JR東日本は、2017年6月に東京駅丸の内北口のトラベルサービスセンター内に礼拝スペースを設置しました。2名が同時に利用でき、水道施設も併設しています。日本にとっては先駆け的な取り組みですが、お隣の台湾の台北駅では、

台北駅に設置された礼拝スペース

すでに 2015 年 1 月には礼拝スペースが設置されています。

●食事のムスリム対応も必要

　空港や駅は待ち時間が長いほど食事の機会も増えますが、ムスリム対応の飲食店があれば、外国人ムスリム観光客も有意義な時間を過ごすことができるはずです。また、ムスリム対応した駅弁などが販売されていれば、車窓を眺めながらの食事ができ、旅の醍醐味を味わうことができるでしょう。

　旅客機の機内食では、東南アジア便を中心にハラール料理の提供が強化されています。ANA によれば、ハラールの特別機内食を希望する乗客は、2011 年から 2015 年にかけて倍増しました。また、クアラルンプール便では通常メニューとしてハラールの料理を提供しています。これらの料理は、ANA ケータリングサービスの川崎工場が製造していますが、同工場はマレーシアの機内食大手のブラヒム社との提携で、ハラール認証を取得しています。

学校でのムスリム対応はどうあるべきですか?

 学生食堂での対応を行う一方、
ほかの学生との調和も必要です。

イスラーム諸国からの留学生を受け入れる大学と、在日外国人ムスリムの2世、3世が通う学校（幼稚園〜高校）とでは対応は異なってきますが、いずれにしても、食や礼拝での対応が望まれます。他方、他の生徒・学生との扱いに差が生じないよう配慮が必要です。

● ムスリム学生・生徒への対応

　日本では以前から、理系の大学・大学院を中心に、ムスリム留学生を積極的に受け入れてきました。ムスリム留学生たちは、コミュニティを形成して相互に生活を支え合い、中には卒業後も大学周辺にとどまり、本国とのネットワークを活かしながら、後輩たちを相手に飲食店や小売店を始めたり、礼拝場所を提供する者もいます。そのためこれまでは、留学生たちの互助の中で食や礼拝の問題が解決されてきました。

　しかしながら近年は、イスラーム諸国が国費留学生や交換留学生を送り出す際、日本の学校側に対してムスリム対応を求める事例もあり、学校としても正面から取り組む必要が生まれています。特に課題となるのが食事です。

大学生協による学生食堂でのハラールのメニューを提供する事例や、上智大学のように学外の業者が営業を行う例もあります。

他方、幼稚園から高校にかけては、外国人ムスリムの2世・3世などへの対応が課題となります。学校での食事は、弁当か給食かの選択になると思われますが、家庭で親が作る弁当は信仰に即したものとなるでしょう。給食については、地域により差はありますが、各種アレルギー対応へと同様の、ムスリム対応への取り組みも始まっています。またラマダーン月の断食については、低学年ほど、一般生徒・学生からのからかいやいじめが心配されます。

したがって、いじめの対象とならないよう、教員等からの適切な指導が求められています。

●ほかの学生との調和

ムスリムに対して、信仰実践を円滑に行えるように周囲の日本人が対応することは、宗教のバリアフリーを目指す多文化共生社会の実現のための第一歩です。

しかしながら、ムスリムのみを特別扱いするのは、他宗教の信者を蔑ろにすることに繋がりかねません。特に国公立の学校において特定の宗教のみに配慮するのは、憲法の政教分離に抵触する可能性も指摘されます。

特に問題となるのが、礼拝スペースの設置です。ムスリム学生のためだけに学校の部屋を提供すれば、他宗教の信者からも「自分たちも部屋が欲しい」という声が上がるでしょう。

これを回避するには、当該スペースを誰でも利用できることを原則とし、時間帯によって宗教ごとに割り当てるなどの工夫が必要です。部屋の維持管理は、各宗教の代表者による合議で行わせましょう。これが、宗教間の対話を実践する場として活用されると期待されます。

【主要参考文献・資料】

本書で使用した参考文献・資料のうち、書店やウェブサイト等で比較的入手が容易なものをあげました。

■和文

大塚和夫他編（2002）『岩波イスラーム辞典』岩波書店。
沖縄観光コンベンションビューロー（2015）「OKINAWA ムスリム旅行者おもてなしハンドブック」。
観光庁「訪日外国人消費動向調査」各期版。
観光庁（2015）「ムスリムおもてなしガイドブック」。
国土交通省（2008）「多様な食文化・食習慣を有する外国人客への対応マニュアル——外国人のお客様に日本での食事を楽しんでもらうために」。
台東区（2015）「台東区観光統計・マーケティング調査報告書」。
店田廣文（2013）「世界と日本のムスリム人口 2011 年」『人間科学研究』第 26 巻第 1 号、29-39 頁。
中村廣治郎（1998）『イスラム教入門』岩波書店。
日本政策投資銀行（2013、2015）「アジア 8 地域・訪日外国人旅行者の意向調査」。
日本貿易振興機構（2016）「主要国におけるハラール関連制度・市場動向——農林水産物・食品の輸出に向けて」。
農林水産業・地域の活力創造本部（2016）「国・地域別の農林水産物・食品の輸出拡大戦略」。

■英文

Department of Islamic Development Malaysia (JAKIM) (2017), "The Recognised Foreign Halal Certification Bodies and Authorities".
Japan National Tourism Organization (2013), "Japan Travel Guide for Muslim Visitors".
MasterCard and CrescentRating (2017), "Global Muslim Travel Index 2017".
Ministry of Science, Technology and Innovation (2009), "MS1500: 2009 Halal Food -Production, Preparation, Handling and Storage- General Guidelines

(Second Revision)".
Pew Research Center (2011), "The Future of the Global Muslim Population: Projections for 2010-2030".
Thomson Reuters and Dinar Standard (2015), "State of the Global Islamic Economy Report 2015/16".

【付記】本書の執筆にあたっては、次の研究助成を受けました。関係機関・各位には御礼申し上げます。本書は各研究助成に基づく成果の一部です。JSPS 科研費 JP25257002、JP16K01974。東京外国語大学アジア・アフリカ言語文化研究所共同利用共同研究課題「イスラームに基づく経済活動・行為」（代表：福島康博、2013-2015 年度）、同（第二期）（代表：福島康博、2016-2018 年度）。東京外国語大学アジア・アフリカ言語文化研究所　共同利用共同研究課題「東南アジアのイスラームと文化多様性に関する学際的研究（第三期）」（代表：富沢寿勇、2017-2019 年度）。早稲田大学イスラーム地域研究機構　共同研究課題「イスラームと観光」（代表：福島康博、2015 年度）。

おわりに

　本書は、外国人ムスリム観光客の増加と訪問先の多様化という現状をふまえ、飲食店だけでなくホテルや小売店、観光・商業施設も視野に入れた、ムスリム対応のあり方を解説しました。日本在住の外国人ムスリム、日本人ムスリムに対しても、同様の対応が望まれます。

　各企業・事業者、地域コミュニティによるムスリム対応の実践を通じた日本の観光立国化、バリアフリー社会、多文化共生社会の実現に、本書が一助とればと願っております。

　「東京オリンピック・パラリンピックに向けて、外国人ムスリム観光客に対する『おもてなし』の本を書きませんか」と解放出版社の村田浩司さんにお声がけをいただいたのをきっかけに、本書が誕生しました。このような機会を与えていただき、村田さんにはこの場を借りて御礼申し上げます。

2018年4月

著　者

【著者紹介】
福島康博（ふくしま　やすひろ）
1973年東京生まれ。東京外国語大学アジア・アフリカ言語文化研究所フェローおよび立教大学アジア地域研究所特任研究員。博士（学術）。マレーシア国際イスラーム大学大学院MBA課程イスラーム銀行・金融コース留学をへて、桜美林大学大学院国際学研究科博士後期課程単位取得満期退学。専門はイスラーム経済論、マレーシア地域研究。主な著作に床呂郁哉・西井涼子・福島康博共編著『東南アジアのイスラーム』（東京外国語大学出版会、2012年）など。

Q&A　ハラールを知る101問
── ムスリムおもてなしガイド

2018年5月25日　第1版第1刷発行　　※定価はカバーに表示してあります。

著　者──福島康博

発　行──株式会社　解放出版社

〒552-0001　大阪府大阪市港区波除4-1-37　HRCビル3階
TEL　06-6581-8542　FAX　06-6581-8552
東京事務所
〒113-0033　東京都文京区本郷1-28-36　鳳明ビル102A
TEL　03-5213-4771　FAX　03-5213-4777
振替　00900-4-75417　ホームページ　http://kaihou-s.com

装　幀──下村敏志
印刷・製本──モリモト印刷株式会社

©FUKUSHIMA Yasuhiro 2018 Printed in Japan
乱丁・落丁はお取り替えいたします。
ISBN978-4-7592-6340-4 C0039　NDC689 260p 21cm

【障害などの理由で印刷媒体による本書のご利用が困難な方へ】

本書の内容を、点訳データ、音読データ、拡大写本データなどに複製することを認めます。ただし、営利を目的とする場合はこのかぎりではありません。

また、本書をご購入いただいた方のうち、障害などのために本書を読めない方に、テキストデータを提供いたします。

ご希望の方は、下記のテキストデータ引換券(コピー不可)を同封し、住所、氏名、メールアドレス、電話番号をご記入のうえ、下記までお申し込みください。メールの添付ファイルでテキストデータを送ります。

なお、データはテキストのみで、写真などは含まれません。

第三者への貸与、配信、ネット上での公開などは著作権法で禁止されていますのでご留意をお願いいたします。

(あて先)
552-0001 大阪市港区波除 4-1-37 HRC ビル 3F 解放出版社
『Q&A ハラールを知る101問』テキストデータ係

テキストデータ引換券
『Q&A ハラールを知る101問』
6340-4